SVLTO

Sandro Botticelli (1444/48–1510) wird heute vor allem als Maler liebreizender Frauengestalten geschätzt. Seine Zeitgenossen bewunderten hingegen den »männlichen Stil« des Künstlers. Anhand exemplarischer Gemälde beschreibt Damian Dombrowski, wie es zu diesem Wandel in der Betrachtungsweise gekommen ist. Er erzählt aus dem Leben des Malers, über die Kunst zur Blütezeit der Renaissance in Florenz und die mächtige Dynastie der Medici. Dabei bewegt er sich durch alle Schaffensphasen und Bildthemen Botticellis: von den zierlichen Madonnen zu den strengen allegorisch-mythologischen Gemälden, von der anmutigen Verkörperung des Frühlings zu dem allen irdischen Sphären entrückten heiligen Augustinus. Viele seiner Beobachtungen sind in der bisherigen Literatur über den Maler gar nicht oder nur vereinzelt zur Sprache gekommen.

Damian Dombrowski entdeckt nicht zuletzt den Platz, den Botticelli selbst in seinen Bildern einnimmt. Warum der Maler sich allerdings ohne Hände dargestellt hat, ist eines der vielen interessanten Details, die der Autor dem Leser nahebringt.

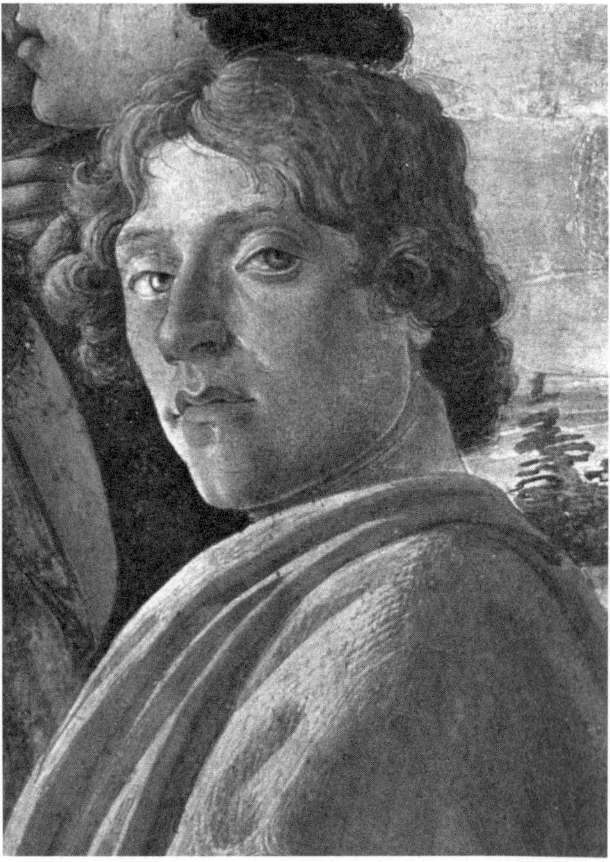

Sandro Botticelli, Selbstportrait
aus der *Anbetung der Könige*, Florenz, Uffizien, um 1475

## Damian Dombrowski

# Botticelli

Ein Florentiner Maler über Gott, die Welt und sich selbst

Verlag Klaus Wagenbach Berlin

# Inhalt

## Ein Florentiner, wie er im Buche steht

### Was wir über Botticelli wissen

Etwa dreißig Jahre nach dem Tod Botticellis im Mai 1510 begab sich der Florentiner Historiker und Philologe Vincenzo Borghini auf Spurensuche. Auf seinen Informationen beruht die Lebensbeschreibung Giorgio Vasaris, doch Borghini seinerseits schöpfte aus dem *Libro di Antonio Billi*, das sich vermutlich in seinem Besitz befand. Die darin gesammelten Nachrichten waren größtenteils noch zu Lebzeiten Botticellis zusammengetragen worden. Auf diese Weise kam er dem Maler näher als jeder andere Gelehrte seiner Generation. Zu den bemerkenswertesten Leistungen Botticellis zählen für Borghini die »femmine ignude«, die weiblichen Aktfiguren, die er schöner als jeder andere gemalt habe, »belle più che alchuno altro«. Bis heute ist der Maler berühmt für seine Frauengestalten, die oft schöner sind, als es die Wirklichkeit erlaubt.

Seine Zeitgenossen schätzten an Botticelli durchaus andere Qualitäten. Im späten 15. Jahrhundert stellte ein Agent des Herzogs von Mailand ein Memorandum zusammen, in dem die wichtigsten Maler von Florenz auf denkbar prägnante Weise charakterisiert werden. Die Liste wird eröffnet von Botticelli, der beschrieben wird als »hervorragend in der Tafel- wie in der Wandmalerei; seine Werke haben einen männlichen Stil und sind mit bestem Verstand und Beherrschung der Proportionen ausgeführt«. Nicht die unwirklich schönen Frauen fanden Beachtung, sondern die »aria virile«, die Männlichkeit der Formensprache. Wohl nicht zufällig wurde ausgerechnet Botticelli für eine der krudesten Darstellungen des gesamten Quattrocento herangezogen, die Schandbilder der gehenkten Pazzi-Verschwörer von 1478 an der Fassade des Palazzo Vecchio.

Die »aria virile« dürfte sich nicht nur auf die Herbheit

seiner männlichen Typen beziehen lassen, sondern auch auf die ›konstruktiven‹ Qualitäten seiner Bilder. Die stereometrische Unerbittlichkeit in der *Verkündigung* von 1489 bestätigt den Mathematiker Luca Pacioli, der Botticelli 1494 in seiner *Summa de Arithmetica* als Beispiel für die Beherrschung der Geometrie in der Malerei rühmt. Mit der Fähigkeit, Verstandesklarheit in Malerei zu verwandeln, konnten sich die Florentiner des späten 15. Jahrhunderts bestens identifizieren. Als der Humanist Poggio Bracciolini 1438 die besonderen Florentiner Tugenden nennt, wird die Aufzählung angeführt von »acumine ingenii«, Schärfe des Geistes, noch vor Gelehrsamkeit und politischer Klugheit.

Der Dichter Ugolino Verino rechnete Botticelli zu jenen Malern, die sich mit den alten Griechen vergleichen ließen; 1480 und 1494 pries er ihn als zweiten Apelles. Der Wahlspruch dieses berühmtesten aller antiken Maler lautete »nulla dies sine linea«, kein Tag ohne Linie – Botticellis linienbestimmter Stil hatte den Vergleich herausgefordert. Vasari hebt in der Lebensbeschreibung Botticellis seine Neigung zum zeichnerischen Entwurf, dem *disegno*, hervor, sicherlich unter Einrechnung der ›metaphysischen‹ Bedeutungsnuancen, die dieser Begriff seit dem 15. Jahrhundert erlangt hatte: Botticellis ›zeichnerischer‹ Stil begründete die neuartige Idealität seiner Werke. Zugleich wird er von dem Biographen als »persona sofistica« bezeichnet, als ein »spitzfindiger« oder spekulativer Künstler, der die philosophische Seite seiner Profession der praktischen Tätigkeit vorzog (was von Vasari alles andere als positiv bewertet wird). Seine Zeichnungen zur *Göttlichen Komödie* belegen eine tiefe gedankliche Durchdringung des dichterischen Stoffes; es gibt Hinweise darauf, dass Botticelli nebenher auch einen schriftlichen Kommentar zu Dantes Poem begonnen hat. Allem Anschein nach verfügte er über einen genuin intellektuellen Zugang zur Bildkunst, weshalb es durchaus seine Berechtigung hat, der Möglichkeit eines Einwirkens philosophischer Ideen auf den Maler nachzugehen: Bestimmte Charakteristika seines Stils lassen Wechselwirkungen mit dem neuplatonischen Ideenkreis vermuten, der unter der Ägide Marsilio Ficinos gerade seine höchste Blüte erlebte.

Die ›handfeste‹ Seite von Botticellis rationaler Herangehensweise ist eine technische Vielseitigkeit und Probierlust, die bisweilen noch heute konservatorische Probleme bereitet. Für einen Florentiner Maler des späten 15. Jahrhunderts waren Grenzgänge zwischen den Gattungen zwar nicht unüblich; Botticellis Vielseitigkeit ging über das gewohnte Maß aber deutlich hinaus. Er lieferte Vorlagen für Kupferstiche, für Holzschnitte und Holzintarsien, für Mosaike, für liturgische Gewänder, für Tapisserien. Als einer der ersten Florentiner verwendete er größere Leinwände als Bildträger.

Sein scharfsinniges Wesen stellte Botticelli indessen auch auf einem ganz anderen Terrain unter Beweis. Mit mehreren kurzen Geschichten zeichnet Vasari das Persönlichkeitsbild einer »persona faceta«: eines witzigen Patrons, der immer zu Späßen von typisch florentinischer Derbheit aufgelegt war. Hier musste der Biograph nichts hinzudichten, denn auch die früheren Quellen heben Botticellis Schalkhaftigkeit hervor. Borghini berichtet von zwei Begebenheiten, in denen sich der Maler als schlagfertig und scharfzüngig, bisweilen auch recht kauzig erwiesen haben soll. 1478 musste er sich wegen »Störung der öffentlichen Ordnung« vor Gericht verantworten. Anlass und Ausgang des Verfahrens sind unbekannt, aber Botticelli wäre nicht der Erste gewesen, dessen sarkastische Kommentare rechtliche Konsequenzen nach sich gezogen hätten. Allerdings wurde der ewige Junggeselle 1502 auch einmal wegen angeblicher Sodomie denunziert; der Prozess blieb folgenlos.

Seine teilweise recht derben Scherze – einen Freund soll er spaßeshalber der Häresie angeklagt haben! –, zotigen Aussprüche und geistreichen Wortspiele wurden zuerst von Polizian überliefert in dessen zwischen 1477 und

1482 verfassten *Detti piacevoli*. Lorenzo de' Medici lässt ihn in seiner komischen Dichtung *I beoni* auftreten. Die von Vasari berichteten Schnurren sind von ähnlicher Art wie die absonderliche Methode zur Eroberung einer »geliebten Frau«, die Francesco Sansovino 1542 in einem Brief beschrieben hat (ein Totenschädel sollte sich dabei als Liebeshelfer erweisen). Offenbar erzählte man sich in Florenz noch immer davon.

Dieses burleske Naturell nehmen wir dem ganzfigurigen Selbstportrait, das Botticelli der *Anbetung der Könige* aus Santa Maria Novella einverleibt hat, ohne weiteres ab. Darin spiegelt die distanzierte Haltung zum Geschehen um sich herum die fast herablassende Souveränität des Gestalters wider. Indem der Maler seine Hände verbirgt, kennzeichnet er sich selbst als kontemplativen Charakter, für den die handwerkliche Ausführung zweitrangig ist: Der geistigen *idea* des Künstlers gebührt ebenso viel Aufmerksamkeit wie der materiellen Konkretisierung. Die Gestaltung der *Anbetung* bezieht sich nicht auf das Inhaltliche allein. Der Maler inszeniert sich hier auch als Schöpfer des Bildes, er stellt das Geschaffensein des Bildes zur Schau. Seine Aussage lautet nicht nur: ›Ich bin der Künstler‹, sondern auch: ›Dies ist mein Werk, und ich bin nicht davon zu trennen‹.

Solch selbstbewusstes Auftreten fand Beifall in Florenz, Botticelli wurde zur öffentlichen Person. Der Chronik des Lorenzo Violi können wir entnehmen, dass er 1499 als »stadtbekannter Mann« galt. Mehrmals gehörte er Wettbewerbsjurys an, so 1491 für die Gestaltung der Domfassade oder 1504 für die Aufstellung von Michelangelos *David*. Nicht zu reden von seinen Aufträgen für öffentliche Gremien: Zu seinen frühen Werken gehören die Darstellung der *Fortitudo* und drei Madonnen für das Handelsgericht, 1475 freskierte er das Treppenhaus des Palazzo Vecchio mit einer *Anbetung der Könige*. Die Augen der gesamten Stadtöffentlichkeit waren 1478 auf die schon erwähnten

Schandbilder der Pazzi-Verschwörer gerichtet. Botticelli beteiligte sich an der Freskierung der *Sala del Giglio* im Palazzo della Signoria, lieferte einen Tondo für die Audienzhalle des Palazzo del Podestà, entwarf Mosaiken für die Kapelle des Stadtheiligen Zenobius im Dom. Auch die Kirche San Barnaba, für die er das Hochaltarretabel schuf, ist ein bedeutender Erinnerungsort der lokalen Stadtgeschichte.

Aus seinen Werken ist das meiste über den Maler Botticelli zu erfahren; was wir über seine Lebensdaten und -umstände wissen, ist weitaus weniger spektakulär als seine Gemälde. Als Sohn eines Gerbers kam Alessandro Filipepi zwischen 1444 und 1448 zur Welt. Der Spitzname, unter dem er bekannt wurde, ist entweder von seinem älteren Bruder Giovanni, der »Fässchen« – italienisch: »botticello« – gerufen wurde, auf ihn übergegangen, oder es handelt sich um eine Verballhornung von »battigello«: Die Tätigkeit des »Silberschlägers« war ein Teilgebiet der Goldschmiedekunst, die sein Bruder Antonio ausübte. Die Familie wohnte im Borgo Ognissanti, in direkter Nachbarschaft zum mächtigen Geschlecht der Rucellai. Über sie könnte Sandro, wie er gerufen wurde, schon früh mit Leone Battista Alberti in Kontakt geraten sein, dem Architekten des Palazzo Rucellai.

Seine berufliche Laufbahn soll der Halbwüchsige bei einem Goldschmied begonnen haben. Zu einem nicht bekannten Zeitpunkt, vielleicht gegen 1460, trat er in die Werkstatt Filippo Lippis ein. Ob er seinen Meister 1467 zu dessen letztem Großauftrag nach Spoleto begleitete, ist eine offene Frage; vielleicht verwaltete er auch die Florentiner Werkstatt Lippis in dessen Abwesenheit. Jedenfalls sehen wir keinen Maler vor uns, der durch jugendliche Geniestreiche aufgefallen wäre. Vielmehr beherzigte Botticelli den um 1400 von Cennino Cennini überlieferten Rat, so lange wie möglich in der Werkstatt des Meisters zu bleiben. Zum Zeitpunkt von Lippis Tod 1469 war dessen Sohn Filippino zwölf oder dreizehn Jahre alt; 1472 finden wir ihn unter den Gehilfen Botticellis bezeugt. Dieser Umstand könnte auf eine Kontinuität der Lippi-Werkstatt mit dem ehemaligen Schüler als Schlüsselfigur hindeuten. Spätestens ab 1470 unterhielt Botticelli eine eigene Werkstatt im Haus seines Vaters. Zwei Jahre später wurde er Mitglied der *Compagnia di San Luca*, einer Laienbruderschaft der Florentiner Maler.

1481 erklärte Botticelli gegenüber der Steuerbehörde, dass er vier Werkstattgehilfen beschäftige und dass er »arbeitet, wann er will«. Aus beiden Angaben kann auf florierende wirtschaftliche Verhältnisse geschlossen werden. Zehn Jahre später pachtete er für sich und seinen älteren Bruder Giovanni ein Landgut mit Weinberg vor der Porta di San Frediano, im Südwesten von Florenz, das er 1494 kaufen konnte. In seiner Steuererklärung von 1498 bezeichnet Botticelli die Immobilie als »herrschaftliches Haus«. Möglicherweise ging es gegen Ende seines Lebens finanziell bergab; ab 1503 war er bei der Zunft der Ärzte und Apotheker, der er seit 1499 angehörte, verschuldet. Nach seinem Tod im Mai 1510 verweigerten seine Angehörigen die Annahme des Erbes.

Entgegen den Behauptungen Vasaris, wonach sich der soziale Abstieg Botticellis unter dem Bußprediger Savonarola, der von 1494 und 1498 die Geschicke von Florenz bestimmte, noch beschleunigt habe, ließ seine Produktivität in diesen Jahren keineswegs nach. Eher schon trifft das Gegenteil zu, dass sich die Zahl der Bilder, die seine Werkstatt verließen, noch erhöhte. Dennoch sind sich viele monographische Studien darin einig, dass erstens Botticellis Bildproduktion ab etwa 1490 rapide abgenommen habe, dass er zweitens im Panorama der Florentiner Kunst zu einer Art Gestrigem herabgesunken sei und drittens das Wirken Savonarolas dafür die Ursache sei. In Wirklichkeit blieb Botticelli ein äußerst gefragter Künstler, der Einfluss seines Stils auf andere Maler nahm erheblich zu. Seine Werkstatt war eine der auftragsstärksten des späten 15. Jahrhunderts in Florenz; zumindest für die 1490er Jahre sind mindestens fünf Mitarbeiter namentlich fassbar. Erfolgreicher als jeder andere Künstler scheint Botticelli seine Werkstatt durch die schwierigste Wirtschaftslage manövriert zu haben, die Florenz in der Renaissance zu überstehen hatte. Nach dem Tod Lorenzos il Magnifico stagnierte das Kunstschaffen, private wie öffentliche Kunstaufträge blieben bis 1503/04 weitgehend aus. Umso bemerkenswerter ist es, dass Botticelli noch 1497 mit Wandbildern in der Medici-Villa in Castello, 1498 mit einem Zyklus wandfester Tafelgemälde für den Palazzo Vespucci und 1499 mit einer Freskenausstattung in der Kirche Ognissanti beauftragt wurde.

Innerhalb der Florentiner Malerei des späten 15. Jahrhunderts lässt sich Botticelli weder auf die Rolle eines typischen Repräsentanten noch auf die eines pragmatischen Erfüllers festlegen, auch nicht auf die Rolle eines zwischen Mittelalter und Renaissance schwankenden Unzeitgemäßen, zu dem ihn die Kunstliteratur teils verklärt, teils abgestempelt hat. Er war ein innovativer Gestalter, der den Eindruck des Konventionellen offenbar bewusst vermieden hat, und ein unabhängiger Kopf, der feste Arbeitszeiten ablehnte und sogar die eigenen Gehilfen gern zum Narren hielt. Eine Vielzahl seiner Bilder verteilte sich über die Kirchen, die öffentlichen und privaten Gebäude von Florenz. Selbst wenn er in seinen letzten Jahren nicht mehr viel malte, so hatte er sich doch – als Mensch wie als Künstler – dauerhaft in das städtische Selbstbild eingegerbt und seinerseits die Florentiner Identität mitgeprägt. Am 17. Mai 1510 wurde er in Ognissanti beigesetzt, wo er vermutlich auch getauft worden war. Seine Ortsfestigkeit war so lapidar wie vieles an seiner Kunst.

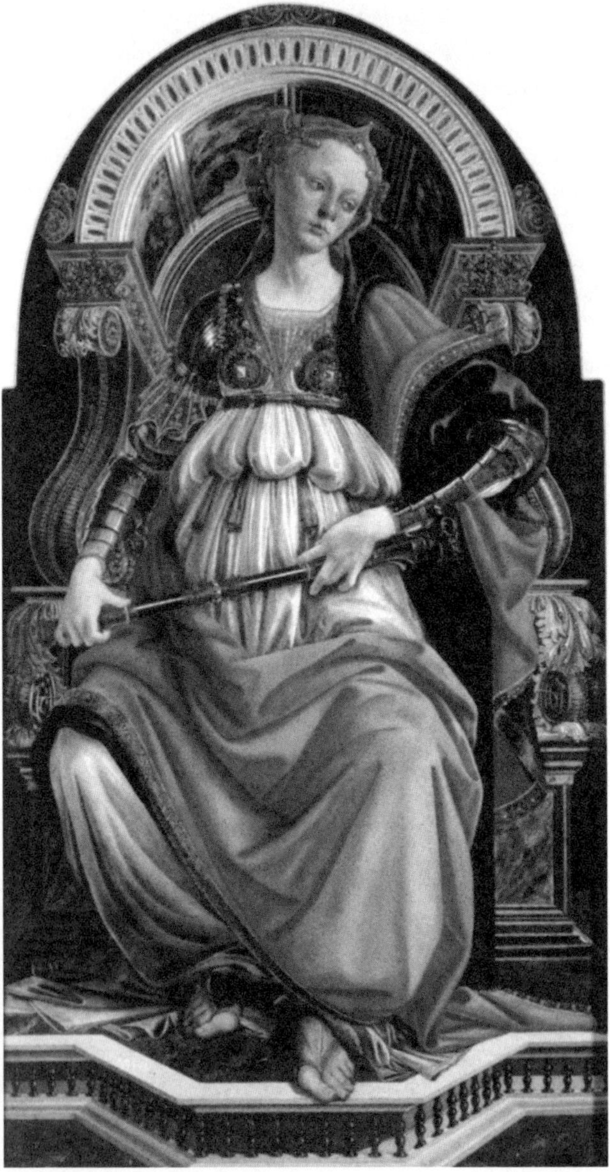

Sandro Botticelli, *Fortitudo*, 167 × 87 cm, Florenz, Uffizien, 1470

## Tugend ist nur eine Möglichkeit

Die *Fortitudo*

Florenz war eine Stadt des Handels. Folgerichtig nahm die *Mercanzia*, das Florentiner Handelsgericht, eine hohe Stellung unter den kommunalen Gremien ein. Die einzelnen Berufssparten waren in Zünften organisiert, die über eine eigene Gerichtsbarkeit verfügten. Wenn die Wollweber untereinander in Konflikt gerieten, wurde der Streit auch innerhalb der Wollweberzunft geschlichtet. Bei Auseinandersetzungen zwischen Angehörigen unterschiedlicher Zünfte oder bei Auseinandersetzungen mit Dritten – etwa auswärtigen Handelspartnern – traten dagegen die sechs Richter der *Mercanzia* in Aktion. 1469 fassten sie den Beschluss, ihren Gerichtssaal mit *spalliera*-Gemälden ausstatten zu lassen.

Die Bezeichnung dieser wandfesten Tafelmalereien leitet sich von »spalla« (Schulter) her, denn als Bestandteil einer Wandvertäfelung wurden diese Gemälde so über dem Möbelstück eingesetzt, dass sie sich über Schulterhöhe befanden. Die Gemälde sollten die vier Kardinaltugenden und die drei christlichen Tugenden zeigen, um zusammengenommen die geistigen Grundlagen und idealen Eigenschaften der richterlichen Gewalt zu veranschaulichen. 1469 war Piero del Pollaiuolo mit dem Zyklus beauftragt worden, der ihm 1470 teilweise wieder entzogen wurde – vermutlich hatte er den vertraglich vorgesehenen, sehr eng gesteckten Zeitplan nicht eingehalten. Tommaso Soderini, ein Parteigänger der Medici und befreundet mit dem jungen Botticelli, wurde von den Richtern als Gutachter eingesetzt; er sorgte dafür, dass sein Protegé den Auftrag übernehmen konnte.

Mit diesem Gemälde trat Botticelli also in das Licht der Florentiner Öffentlichkeit, und in der Tat bedurfte es innerer Stärke – hier in Form künstlerischen Selbstbewusstseins –, als soeben aufgestiegener Künstler an die Stelle eines etablierten Malers zu treten. Letztlich hatte er Pollaiuolo ja einen begehrten Auftrag entrissen, zumindest einen Teil davon. Botticelli war der lokalen Malergilde noch nicht beigetreten, und man kann sich den Unmut vorstellen, den die Bevorzugung dieses noch relativ unbekannten Malers unter den Kollegen auslöste. Gleichwohl wurden ihm am 18. Juni 1470 die beiden Personifikationen zugesagt, von denen er allerdings nur die *Fortitudo* malte. Das verbleibende Gemälde wurde schließlich doch von Piero del Pollaiuolo ausgeführt, aus welchem Grund auch immer. Vielleicht hatte die Malerzunft dagegen protestiert, dass der Auftrag so rasch widerrufen worden war, und wollte den Präzendenzfall – die unvorhergesehene Einschaltung Botticellis – auf diese Weise ungeschehen machen.

Der linke Arm der *Fortitudo* ruht auf einer aufrecht stehenden kleinen Säule, ihrem traditionellen Attribut, das hier jedoch wenig prominent hervortritt. Weitaus auffälliger ist der Streitkolben, der quer über ihrem Schoß liegt und von ihren Händen mit einer gewissen Unruhe umspielt wird. Diese Beigabe ist eine ikonographische Innovation, wie Pollaiuolo sie durchweg vermissen lässt. Für das Gewand der *Fortitudo* steigerte Botticelli den Aufwand ganz entschieden; seine Figur trägt eine Tunika, die von einem purpurroten Mantel großartig umrauscht wird. Auch die Architektur des Thrones übernahm er nicht einfach von Pollaiuolo; der Unterschied besteht in der reicheren Ornamentik, aber vor allem in der leiblich-plastischen Ausformung. Die schwellenden Formen der großen Voluten, die dem Anorganischen eine ungewohnte Elastizität verleihen, werden zum Resonanzkörper der Figur; jede Hervorhebung der Architektur nimmt auf neuralgische Punkte ihrer Anatomie Bezug: der Bogen auf das Haupt, das Gebälk auf den Hals, die oberen Voluten auf die Arme, die Akanthusvoluten darunter auf die Knie. Mit dem Vordringen des

Unterkörpers stimmt der Sockel überein, der in der Mitte trapezoid nach vorn projiziert ist und auf diese Weise den linken Fuß an die imaginäre vordere Begrenzungsebene des Bildes heranführt.

Das Gemälde ist konsequent zentralperspektivisch angelegt (der Fluchtpunkt liegt zwischen den Brüsten der *Fortitudo*; dem vergleichsweise hohen Anbringungsort entsprechend ist die Darstellung auf Untersicht berechnet). Doch ist dieser Figur nicht, wie es den Konventionen der Frührenaissance-Malerei entsprochen hätte, ihr Platz *a priori* zugewiesen, sie wird nicht eingebettet in einen schon vorher vorhandenen Raum. Stattdessen verdrängt die *Fortitudo* den Raum auf fast aggressive Weise. Die Bildillusion entwickelt sich weniger von der Bildoberfläche nach hinten, wie es Albertis Auffassung vom Bild als »Fenster« entspräche; vielmehr bewegen sich Figur und Raum auf den Betrachter zu.

Die ungeheure Präsenz der *Fortitudo* hängt wesentlich von diesem Nach-vorn-Drängen ab. Durch sie werden die Florentiner Begriffe von Bildillusion auf einen Streich umgekehrt. Die Tugenden Pollaiuolos, die so ganz in ihrem Tun aufgehen, wirken in ihrem jeweiligen Gehege wie zuhause, Botticellis Figur wirkt einsam. Nicht die äußere Handlung, sondern ein psychologischer Vorgang wird in der Gestalt zum Ausdruck gebracht. Während ihre Begleiterinnen durch ihre jeweilige Tätigkeit *bestimmt* werden, ist das Tun der *Fortitudo* nur andeutende Bereitschaft: Personifikation durch Potenz statt Personifikation durch Aktion. Botticellis Tugend kämpft nicht, aber sie ist kampfbereit, ihre Kraft ist jederzeit abrufbar. Bereits Dante, der den Literaten des späten 15. Jahrhunderts als eine der größten Autoritäten galt, hatte festgestellt, dass »virtù« und »prontezza«, Tugend und Bereitschaft, untrennbar zusammengehörten. Botticellis *Fortitudo* wird nun infolge ihrer *prontezza* zur Verkörperung nicht nur einer bestimmten Tugend, sondern des allgemeinen Tugendprinzips. Im

Vergleich mit Pollaiuolo bestand Botticellis Leistung darin, die Tugend ›an sich‹ freigelegt zu haben. *Virtus* ist in der Renaissance der ›heroische‹ Begriff schlechthin, und in der Tat ist unter den sieben Tugenden der Mercanzia allein der *Fortitudo* eine heroische Erscheinung verliehen.

In diesem Zurückgehen auf das Wesen der Tugend wird eine Epochenscheide sichtbar. Die *vita activa* war nicht mehr das Ideal der Gelehrten, unter Lorenzo de' Medici – vorbereitet von Marsilio Ficinos Platonismus – kam es zu einer Wende zum Kontemplativen. In der *Fortitudo* dürfen wir eines der ersten visuellen Zeugnisse dieses geistigen Wandels erblicken. »Das Handeln unterscheidet sich von der Tugend« – dieser Satz aus Ficinos *Theologia platonica* würde unter Botticellis Gemälde passen wie eine nachträgliche Bildunterschrift.

Vielleicht hat Botticelli mit der *Fortitudo* einen stolzen Selbstverweis liefern wollen, ähnlich wie Michelangelo drei Jahrzehnte später mit seiner *David*-Statue. Beide Male ist die *prontezza* das entscheidende Kennzeichen der Figuren – zu verstehen wohl nicht nur als Gerüstetsein zum Kampf, sondern auch als Potential, künstlerischen Herausforderungen auf neuartige Weise zu begegnen. Womöglich hat sich der junge Maler hier auch auf subtile Weise den Medici empfehlen wollen: Der Diamant, der die Brüste der *Fortitudo* ziert, gehörte zu den Sinnbildern des Florentiner Geschlechts.

## Wurzeln im Himmel, Melancholie im Blick

Der *Heilige Sebastian*

Eine frühe Quelle datiert die Vollendung des *Heiligen Sebastian* auf Januar 1474 und lokalisiert das Bild in Santa Maria Maggiore zu Florenz. Dort befand es sich vermutlich an einem der vier quadratischen Arkadenpfeiler, von denen die Schiffe der gotischen Hallenkirche voneinander getrennt werden. Aus dem originalen Standort erklärt sich das extreme Hochformat. Die Florentiner Kirchen des 15. Jahrhunderts waren mit zahllosen Bildern angefüllt, die weder in narrative Zyklen einbezogen waren noch als Altarretabel kategorisiert werden können. Dieses diente wohl als Votivbild des Pestheiligen.

Die bis auf ein Lendentuch nackte Figur des *Heiligen Sebastian* ist an einen schlanken Baumstamm gebunden; zwei starke Äste bieten dem kontrapostisch ausbalancierten Körper eine ideale Standfläche. Trotz der sechs Pfeile, die in seinem Fleisch stecken, wirkt der Körper makellos. Die Landschaft des Hintergrundes, in Übereinstimmung mit dem Festtag des Heiligen am 20. Januar von winterlicher Stimmung erfüllt, wird von winzigen Figurinen belebt; links erlegen zwei Bogenschützen gerade einen Reiher über ihren Köpfen. Sie und die anderen Soldaten, Reiter und Fußvolk, haben kurz zuvor den jungen römischen Offizier mit ihren Pfeilen durchbohrt. Dessen wesentliches Kennzeichen ist seine Isolierung. Durch den sehr nahen Bildausschnitt wird er schon aufgrund seiner Größe der Umgebung entfremdet, und durch den niedrigen Augpunkt (auf der Höhe der Füße) wird der Mittelgrund optisch übersprungen, was die Figur noch weiter vom Hintergrund absetzt. Über die Breite der Schultern hinweg erscheint der Kopf von der Bewölkung nach Art eines Halo gerahmt. Indem die Aufhellung den Körper bis hinab zu den Hüften wie ein zweiter Kontur einfasst, erfährt die ganze Figur Sebastians eine ›natürliche‹ Auratisierung. Der Wolkenstreifen in der Lünette entlässt ein gutes Dutzend kleiner Strahlenbündel, als senkte sich ein hauchzarter Vorhang von göttlichem Licht auf den Heiligen herab – der Gemarterte wird als Erleuchteter präsentiert.

Das Szenische spielt in diesem Gemälde nur noch als Verweis auf bereits Vergangenes eine Rolle: Sebastian befindet sich noch am Ort des Martyriums, die heilige Irene hat die Pfeile noch nicht entfernt, die Bogenschützen sind noch in Sichtweite. Der Stoff hat Botticellis Absage an das erzählerische Prinzip nicht nahegelegt, im Gegenteil: Die Darstellung der Sebastianslegende hatte sich in der Florentiner Malerei des Quattrocento stets im Rahmen der *historia,* also der Schilderung einer Geschichte, bewegt. Botticelli jedoch stellt nicht das flüchtige Aufscheinen des Ewigen dar, sondern die Idee des Ewigen selbst. Der *Heilige Sebastian* ist weniger der geschichtliche Märtyrer als der überzeitliche Glaubensheld. Auf diese Weise gewinnt das Bild den hoheitlichen Charakter einer Ikone, obwohl jegliche hieratische Starre vermieden ist. Das vertikale Format und der Verzicht auf Handlung reichen Botticelli aus, um eine Figur überzeugend zu präsentieren, in der sich Nacktheit und Verehrungswürdigkeit, Schönheit und Heiligkeit nicht ausschließen, sondern geradezu aufeinander angewiesen sind. Botticelli nimmt Abstand vom Primat der *historia*, womit auch die forcierte Perspektive des früheren Quattrocento ihren Sinn verloren hatte. Indem der *Heilige Sebastian* geradezu aperspektivisch aufgebaut ist, tritt eine neue Situation ein: Der Mensch befindet sich nicht mehr im Kosmos, sondern ist selbst zum Kosmos geworden.

Botticelli gestaltet die Landschaft in Anlehnung an flämische Vorbilder. Damit wählt er für den Hintergrund eine Form der Naturnachahmung, die der idealisierenden Darstellungsweise der Heiligenfigur entgegengesetzt ist.

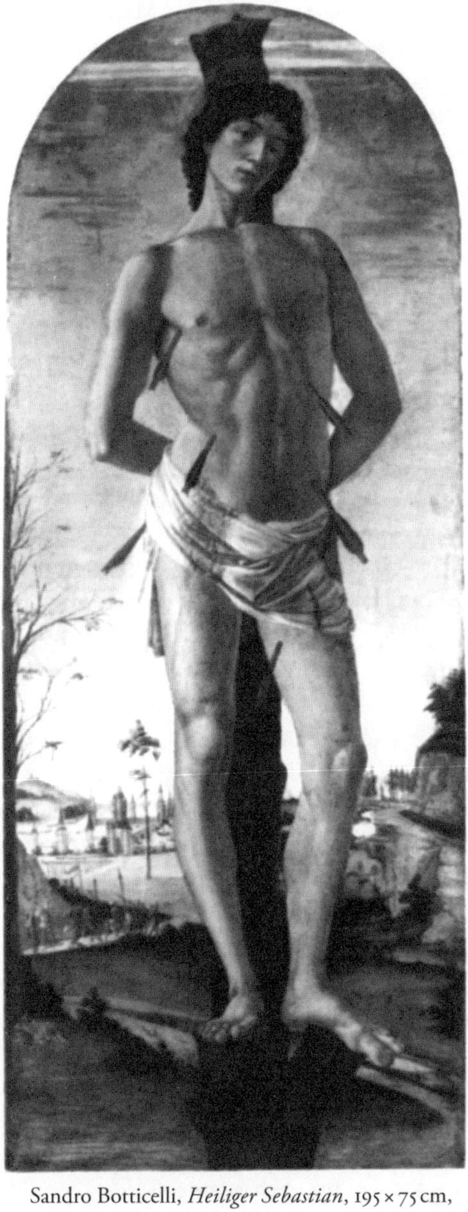

Sandro Botticelli, *Heiliger Sebastian*, 195 × 75 cm,
Berlin, Gemäldegalerie, 1473/74

Ihre Gleichgültigkeit gegenüber der Marter ist in der Sebastiansikonographie des späten 15. Jahrhunderts einzigartig. Marsilio Ficino zufolge verändert sich die Seele auch dann nicht, wenn der Körper heftigem Leiden ausgesetzt sei. Angesichts der Unbewegtheit des von Pfeilen durchbohrten *Heiligen Sebastian* darf man mit aller Vorsicht vermuten, dass es Botticelli hier weniger um die körperliche Passion als um den davon nicht beeinflussten Status einer *anima candida,* einer unbefleckten Seele, geht. Damit wäre die Kausalität zwischen seelischen und körperlichen Bewegungen, die Alberti in seiner Schrift *De Pictura* (1435) statuiert hatte, erstmals durchbrochen.

Im Antlitz des *Heiligen Sebastian* spiegelt sich ein ›mittlerer‹ Gemütszustand. Es ist jener melancholische Moment, da der Zweifel am Sinn der Welt sich auflöst in Sehnsucht nach dem, was über die Welt hinausführt. Womöglich verliert so auch die kleine Jagdszene im Hintergrund ihren bloß episodischen Charakter: Mit derselben grausamen Präzision, die von den Bogenschützen wenig zuvor auf die Exekution des Heiligen verwendet wurde, erlegen sie nun zum Zeitvertreib den Wasservogel. Von der Banalität und Brutalität der Welt hält sich der Heilige weit entfernt; er gehört einer anderen, würdevolleren Sphäre an.

Der *Heilige Sebastian* ist nicht nur eine großartige Darstellung des männlichen Aktes, sondern darüber hinaus einer der Anfänge des idealen Figurenstils in der italienischen Malerei. Durch den ›polykletischen‹ Kontrapost und die Fernhaltung aller kleinlichen Genauigkeit in der anatomischen Beschreibung (die groben Füße ausgenommen) lässt Botticelli anstelle des Martyriums die Schönheit des menschlichen Leibes in den Vordergrund treten. In einem religiösen Gemälde war dies dadurch gerechtfertigt, dass mit der Hingabe des jungen Lebens für den Glauben die Weltverachtung des Märtyrers besonders überzeugend vermittelt werden konnte. Sebastian soll der *Legenda aurea* zufolge das Entsetzen der Eltern über die frohgemut ihrer

Hinrichtung entgegensehenden, in der Blüte ihrer Jugend stehenden Märtyrer Marcellianus und Marcus damit beschwichtigt haben, »dass sie euch eine Wohnung in den Sternen bereiten«. Die Entrückung von der Welt, die Botticellis *Sebastian* auszeichnet, gewinnt so den zusätzlichen Sinn, dass diese Figur im Grunde schon einen Erlösten zeigt; deshalb kann ihr auch die Tortur der Pfeile nichts anhaben. In Santa Maria Maggiore befindet sich noch heute am ersten Pfeiler rechts ein Fresko aus dem 14. Jahrhundert mit der Darstellung des Sebastiansmartyriums. Wenn sich Botticellis Gemälde einst darüber befand, wie aufgrund der Untersicht vermutet werden kann, sah der Besucher zeitliche und ewige Existenz in klarer Stufung miteinander konfrontiert; sein Blick wurde gewissermaßen von der narrativen *historia* zur apotheotischen *imago* hinaufgeführt. Hier oben kommt das dauerhafte Wesen des Heiligen zur Aussprache, das in der griechischen Wurzel seines Namens bereits angelegt ist: »sebastós«, verehrungswürdig und erhaben.

Nach Auffassung der Florentiner Neuplatoniker erwächst dem Menschen seine unvergleichliche Würde daraus, dass er die Wahl hat zwischen der Möglichkeit, zur himmlischen Heimat zurückzugelangen, und jener, sich in die Niederungen des Irdischen heillos zu verstricken. Ficino zufolge nimmt das Streben der Seele zur göttlichen Schönheit vom Anblick körperlicher Schönheit seinen Ausgang. Sie sei der »Angelhaken«, an dem die Seele aufwärts gezogen werde. In einem Brief des Jahres 1477 oder 1478 skizziert der Philosoph die Wirkungsmöglichkeiten eines Gemäldes, das einen idealen Menschen zeigt, »mit belebten und einsichtigen Sinnen ausgestattet, von kräftigem Körperbau, blühender Gesundheit und liebreizendem Aussehen, mit stimmigen Proportionen der Glieder, wohlgestaltet und schlank aufgewachsen«. An einem solchen Bild werde die Ebenbildlichkeit des Menschen mit Gott leicht augenfällig. Körperliche Schönheit wird hier zur Voraussetzung für die Erkenntnis des »göttlichen Wesens«.

Ob mit oder ohne Anlehnung an Ficinos Ideenwelt, jedenfalls hat Botticelli seinen *Heiligen Sebastian* als Bindeglied zwischen Irdischem und Himmlischem gestaltet, dessen aufstrebender Charakter unverkennbar ist. Es ist eine neuplatonische Grundüberzeugung, dass der Mensch zwischen den zeit- und raumabhängigen formhaften Dingen und den immateriellen, rein geistigen Wesen stehe. Genau so tritt uns der Heilige – als exemplarischer Mensch – in Botticellis Gemälde entgegen. Bei der Erfüllung seiner Vermittlerfunktion kommt dem Menschen seine vertikale Haltung entgegen: Der Topos von »status erectus« (aufrechtem Gang) und »sidereus vultus« (gestirntem Antlitz) ist schon bei Platon und Ovid, besonders häufig aber bei den Kirchenvätern anzutreffen. Die gelängte Gestalt des Heiligen ist die aufstrebende Dominante in Botticellis Darstellung, dabei unterstützt von der Senkrechten des Baumes, der die Bildfläche von unten nach oben durchmisst.

Dieser Dualismus geht selbstverständlich aus der Bildtradition hervor, doch mag die sympathetische Zusammenschau von Baum und Mensch in diesem Fall die platonische Vorstellung vom Menschen als einem »himmlischen Gewächs« wachrufen. In Platons *Timaios*, den Marsilio Ficino bereits 1457 übersetzt hatte, kommt dieses Bild vor: der Mensch als umgestülpter Baum, dessen Wurzel – der Kopf – seine Nahrung vom Himmel bezieht. Sein Hinaufwachsen zur göttlichen Bestimmung verdankt der *Heilige Sebastian* demnach den feinen Goldstrahlen, die ihm vom Himmel herabgeschickt werden. Weil der »Appetit seiner Seele« ihn zur Einswerdung mit dem Göttlichen treibt, nähert sich ihm das Göttliche. Diese Bewegung aufeinander zu steht im Zentrum von Ficinos Seelenlehre. Vielleicht war es Botticellis hochfliegende Absicht, die Unsterblichkeit der Seele zum Thema eines Gemäldes zu machen, das auf diese Weise die Kategorie der *imago sacra* wiederbelebte: das ›heilige Bild‹ als Vorschein der unverfügbaren Wahrheit.

# Die Macht trägt Maske

## Die *Anbetung der Könige*

Mariano Filipepi, der Vater Botticellis, hatte 1464 ein Haus an der Via della Vigna Nuova erworben, einer Querstraße zum Borgo Ognissanti. Dort eröffnete Sandro seine Werkstatt, im Viertel um Santa Maria Novella. Für die Kirche schuf er um 1475 ein Altarbild, mit dem er von dem Geschäftsmann Guasparre Del Lama beauftragt worden war. Sein Vorname – auf deutsch: Kaspar – wird traditionell einem der Heiligen Drei Könige zugeordnet; daher das Patrozinium. Die Cappella dei Magi (die Kapelle der »Magier«, das heißt der Weisen aus dem Morgenland) befand sich zwischen dem mittleren und dem östlichen Portal. Die kostbare Farbigkeit des Altarbildes dürfte in ihrer Wirkung durch einen dokumentierten Marmorrahmen mit reichem plastischem Schmuck noch erhöht worden

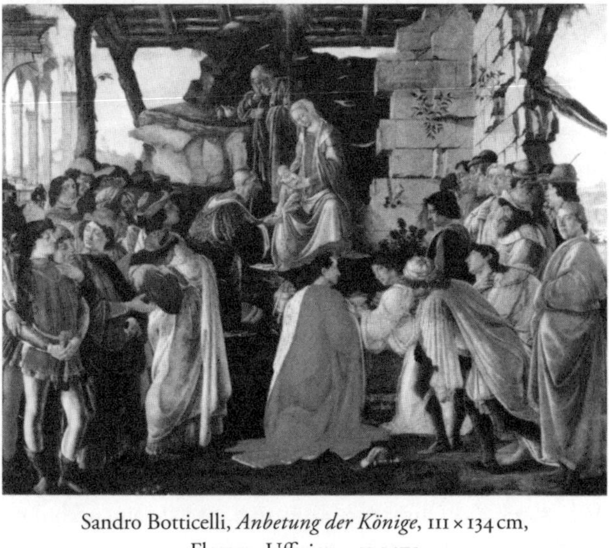

Sandro Botticelli, *Anbetung der Könige*, 111 × 134 cm, Florenz, Uffizien, um 1475

sein, der es wohl wie eine Gemme aus der Fassung hervorleuchten ließ.

Der Schauplatz der Anbetung ist ein urhüttenartiger Stall, wo die Heilige Familie sich gegenüber dem sonstigen Bildpersonal in erhöhter Position befindet. Wie zwei Chöre sammeln sich das Gefolge des alten Königs auf der linken und die Begleiter der zwei jüngeren Könige auf der rechten Seite. Botticelli gelingt es, mittels variierter und genau aufeinander abgestimmter Körperhaltungen Fluss in die Menschenmasse zu bringen: eine Gestaltung nach ›choreographischen‹ Gesichtspunkten. Dem Christuskind am nächsten kommt der älteste König, der links vor ihm auf die Knie gefallen ist und mit der Hand das von einem Schleiertuch umhüllte Füßchen umfasst. Hierhin ist auch der Blick dieser überaus würdigen, prächtiger als alle anderen gewandeten Gestalt gerichtet. Ihr markantes Profil konnte der Maler von Portraitmedaillen Cosimos il Vecchio übernehmen. Der König, dem hier die Züge des *pater patriae* verliehen wurden, bildet gewissermaßen die Vorhut des linken Gefolges und bündelt ein Streben, das alle Figuren des Bildes vereint. Anders als in früheren Florentiner Darstellungen der Anbetung ist hier jedoch der Gedanke an den Zug der Könige getilgt. Die Orientierung auf das Ziel ist nicht länger in einem Figurenfries aufgehoben, der ein physisches Voranschreiten veranschaulicht, sondern allein in der seelischen Anteilnahme. Die Figuren verschmelzen zu einer höheren Einheit, trotz Portraithaftigkeit und Zeitkostüm, trotz Kleinheit und Feinheit der Motive.

Die Ruine, die auf der linken Seite bis an den oberen Bildrand emporgeführt ist, steht in engster Verbindung zur Gruppierung des linken Gefolges. Der antikischen Architektur kommt aber nicht nur Bedeutung im Sinne der Bildtektonik zu. Ihr ruinöser Zustand ist symbolisch aufzufassen, in Anspielung auf die Überwindung der heidnischen Welt durch das Christentum. Ferner gibt sie einen konkreten Hinweis auf die Legende, wonach bei der Geburt Jesu der von Kaiser Augustus errichtete Friedenstempel einstürzte. Diese Überlieferung leitet zur Dialektik von Fall und Aufstehen über, die der greise Simeon beschwört, als er bei der Darbringung im Tempel das göttliche Kind erblickt (Lukas 2,34): »Dieser ist dazu bestimmt, dass in Israel viele durch ihn zu Fall kommen und viele aufgerichtet werden.« Dieser Sinnzusammenhang nähert die symbolische und die formale Bedeutung der Figurenkomposition einander an: Der Kreis der Umstehenden sinkt dergestalt zur Mitte ein, dass die Reihe der Köpfe die Fluchtlinien des zerfallenden Bauwerks links und der verwitterten Quadermauer rechts fortsetzt. Über dem niedrigsten Punkt ragt die Heilige Familie auf. Eine universale Bedeutung – die Aufrichtung der gefallenen Menschheit durch die Menschwerdung Gottes – ist der Figurenkomposition selbst eingeschrieben; »ruina« und »resurrectio«, die Schlüsselworte aus Simeons Weissagung, sind in der Struktur des Bildes angelegt.

Der Bildhorizont verläuft auf der Höhe der Weihegeschenke in den Händen der beiden jüngeren, knienden Könige. Doch die Perspektive ist nicht einheitlich, vielmehr ›springt‹ sie dort, wo die Zone größter Heiligkeit beginnt. Nur für die Gruppe aus Heiliger Familie und dem ältesten König wird ein zweiter Augpunkt eingeführt. Inmitten der perspektivisch geordneten Welt wird eine ›weltentrückte‹ Sphäre geschaffen, der Cosimo als längst Verstorbener schon angehört. Die Nähe zur göttlichen Präsenz erfährt im Bild eine deutliche Abstufung.

Der Komposition liegen zwei Dreiecke zugrunde: ein inneres, dessen obere Spitze mit dem Haupt Mariens zusammenfällt, und ein äußeres, dessen Scheitelpunkt außerhalb des Bildes liegt; von dort scheint die Lichtgarbe ihren Ausgang genommen zu haben. Dies ist wohl als Hinweis auf eine unsichtbare Wirklichkeit zu verstehen – es wäre sonst unsinnig, dass ausgerechnet der Stern von Bethlehem nicht zu sehen ist, der dem Fest Epiphanias (»Erscheinung des Herrn«) am 6. Januar den Namen gegeben haben soll.

Botticelli nimmt das Bildthema zum Anlass für ein subtiles Wechselspiel von Zeigen und Verbergen. Zum sichtbaren, da menschgewordenen Gott richtet sich das Streben der Menschen; vom unsichtbaren Gott strömt der Glanz der Gnade herab. Auf den Christusknaben lenken sie ihre Blicke, auf den *deus absconditus* ihre Seele. Botticelli erkundet die im historischen Ereignis von Fleischwerdung und Erscheinung angelegten Möglichkeiten und Grenzen der Gottesschau.

Mit dem Lichteinfall von links ist Botticelli vermutlich auf die Beleuchtungssituation am ursprünglichen Aufstellungsort eingegangen. Die Eingangswand der Dominikanerkirche Santa Maria Novella zeigt ungewöhnlicherweise nach Süden. Wenn wir von den realen Lichtverhältnissen in der Kirche ausgehen, so kommt das Licht, das von links ins Bild flutet, aus östlicher Richtung. Die alte Anschauung, die in der Wendung »ex oriente lux« ihre sprichwörtliche Prägung erfuhr, hat hier einen ganz konkreten Sinn, denn bei den Anbetenden handelt es sich um »Weise aus dem Morgenland« (Matthäus 2,1–2). Die hermetische und mystische Tradition des Orients war für den Florentiner Neuplatonismus von grundlegender Bedeutung, wie auch die platonischen Texte selbst von altorientalischen Weisheitslehren zehren – zumindest nach der Überzeugung Marsilio Ficinos, der sich um diese Quellen in besonderer Weise bemüht hat. Ficino bezog sich häufig auf die Weisen aus dem Morgenland; in seiner Predigt *De stella magorum* heißt es, in der Anbetung der Könige hätten sich symbolisch und historisch die philosophische Suche nach Wahrheit und die religiöse Suche nach Gott vereint. Insofern geht es über das Phänomen der Travestie weit hinaus, wenn Cosimo il Vecchio als einer der morgenländischen Weisen erscheint: Durch seine Wiederbelebung der platonischen Studien in Florenz ist er selbst zum ›Orientalen‹ geworden und dem wahren Licht nahegekommen. Dieses Licht hat sich, wie in Botticellis Gemälde von dem

Goldstrahl beglaubigt wird, in Christus inkarniert, vor dem der alte Medici niederkniet.

Ficinos Faszination von dem Thema wurde unterstützt durch die *Compagnia de' Magi*, deren Mitglieder zu einem guten Teil seinem philosophischen Zirkel angehörten. Unter den Florentiner Laienkongregationen war diese die wichtigste; sie sorgte dafür, dass die Anbetung der Könige in der Lebenswirklichkeit der Stadt verankert wurde. Zu ihren Aufgaben gehörte die Abfassung und Aufführung von *Sacre rappresentazioni*, geistlichen Dramen, in denen sowohl der Zug der Heiligen Drei Könige als auch die Geschichte des Stadtpatrons Johannes des Täufers nachgespielt wurden; Epiphanie und Taufe Christi werden – als »Erscheinungen des Herrn« – beide am 6. Januar begangen.

Die *Anbetung* sollte gleichwohl nicht vorschnell als Reflex dieser Aufführungspraxis gedeutet werden; die Versammlung ist weder heitere Prozession noch prunkvoller Aufmarsch. Der weihevolle Charakter, der durch die rigorose Bildorganisation bedingt wird, lässt eher an eine religiöse Zeremonie denken. Der kniende König mittleren Alters ist in Rückenansicht gegeben. Den Betrachter zum Nachvollzug der eigenen Handlung auffordernd, stellt er eine liturgische Interaktion zwischen dem Bild und der Gemeinde her: Die Gläubigen vor dem Altar, die mit ihm niedersinken, werden unversehens zu seinem Gefolge. Seine Anbetung gilt dem neugeborenen Messias, die Anbetung der Gemeinde dem Altarsakrament. Hob der mit dem Rücken zur Gemeinde zelebrierende Priester vor dem Altar auf dem Höhepunkt der Messfeier die Hostie empor, so wurden damit die Eucharistie und das göttliche Kind anschaulich wie gedanklich zusammengeführt. Nicht umsonst sind die Füße des Kindes durch das Schleiertuch vor Berührung abgeschirmt, wie es für das Sakrament in der Monstranz üblich war. Cosimo kniet auch nicht wie vor einem Herrscher – so hätte es der Bildtradition entsprochen –, sondern wie zum Empfang der Kommunion. Sein

Erkennen Gottes entspricht dem Erkennen Christi in der Gestalt der Hostie.

Verglichen mit Cosimos Bildnissen nach dem Leben hat Botticelli hier die Spuren des Alters deutlich abgemildert. Er präsentiert ihn nicht als den ausgefuchsten Bankier und Politiker, sondern als den Weisen, zu dem Ficino seinen großen Förderer postum verklärte. Die beiden knienden Figuren im Bildvordergrund zeigen Piero und Giovanni de' Medici. Wenn Cosimo und seine Söhne hier in der Verkleidung der Heiligen Drei Könige auftreten, so ist es ihr Status als Verstorbene, der sie zu dieser Rolle berechtigt. Indem sie – als einzige Figuren des Bildes – die Anbetung als Vorgang vergegenwärtigen, kommen sie dem Kind näher als alle anderen Figuren. Als zweite Portraitkategorie erscheinen die lebenden Florentiner, welche das Geschehen der Anbetung bezeugen, ohne eigentlich daran teilzunehmen. Unter ihnen befindet sich ein junger Mann, der in der rechten Bildhälfte aus der Gruppe der Niedersinkenden majestätisch herausragt. Oberhalb seines Kopfes sprießt Lorbeer aus dem Fragment der mächtigen Mauer. Schon aufgrund dieses emblematischen Verweises kann an der Identifizierung dieser Figur mit Lorenzo il Magnifico kaum gezweifelt werden. Das Rollenspiel gehörte zum kulturellen Habitus der laurenzianischen Epoche; die Darstellungen des vormaligen *pater patriae* und des aktuellen Herrschers der Stadt lassen sich als ›Masken‹ verstehen, die nicht ihr vordergründig ›wahres‹ Äußeres reproduzieren, sondern ein ideales Personsein. Auch Lorenzo hat Botticelli weder in seiner sprichwörtlichen Hässlichkeit noch mit der Entschiedenheit des Staatslenkers wiedergegeben, sondern mit typisierten Zügen und in fast schmerzlicher Versunkenheit.

Am rechten Bildrand steht Botticelli in ganzer Figur, in einen goldgelben Mantel gehüllt. Als ausführendem Maler, der uns all dies zu sehen gibt – nur seine Augen liegen auf der Höhe des Sehhorizonts! –, kommt ihm die unmittelbarste Zeitgenossenschaft zu; sein Platz konnte nirgendwo anders als am Rand des Bildes sein. Das Selbstportrait spricht für ein unerhörtes künstlerisches Selbstwertgefühl. Kein anderer Maler vor Botticelli hat sich in einem religiösen Historienbild auf diese Weise buchstäblich *in primo piano*, in die erste Reihe gestellt, noch dazu mit diesem fast herablassenden Ausdruck. So pointiert hebt sich die Figur Botticellis vom Rest des Gemäldes ab, dass sie sich bald im Bild, bald davor zu befinden scheint – der Maler ist somit zugleich Anwesender und Außenstehender. An der Stelle, wo in einer *Sacra conversazione* – der Darstellung der Madonna mit Heiligen – einer der Heiligen die Vermittlung übernimmt, erscheint hier der Künstler. Und wie die Heiligen den Betrachter in das Bild hineinführen und ihm das Reich des Heiligen erschließen, so eröffnet ihm der Maler Botticelli in der *Anbetung der Könige* eine eigene Welt.

Die Funktion des Selbstportraits ist der eines Spielleiters in einer Florentiner *Sacra rappresentazione* nicht unähnlich. Seine Aufgabe im geistlichen Drama war es, am Anfang der Aufführung in das Reich der Legende überzuleiten und die Zuschauer am Ende in die Realität zurückzuführen. In ähnlicher Weise verkörpert die Figur Botticellis, samt ihrem ambivalenten Status zwischen den Realitätsebenen, den Eingang zur Fiktion und den Ausgang zurück in die Wirklichkeit. Wie in einer *Sacra rappresentazione* wird zu Bewusstsein gebracht, dass es sich hier um eine Re-Präsentation handelt. Nicht die Illusion selbst ist angestrebt, sondern die Darstellung von Illusion. Vasari benennt präzise die Intention Botticellis, mit diesem Bild, das von jedem Florentiner gesehen würde, »die Vollendung seiner Meisterschaft vor Augen zu führen«. Mit der Einfügung seines Selbstportraits ging es ihm demnach nicht nur darum, seine Autorschaft zu beglaubigen oder auf die Medici-Patronage zu spekulieren. Er schuf ein Bildnis, bei dem sich der Status des Künstlers als Schöpfer aus der inneren Logik des Bildes erschließt. Weil die immaterielle Idee dabei ebenso viel Aufmerksamkeit fordert wie ihre materielle Konkretisierung, verbirgt Botticelli sein wichtigstes Arbeitsinstrument: Er präsentiert sich als Maler ohne Hände.

Wenn das Kunstwerk vor allem ein Gedanke des Malers ist, so kommt dies einer Neubestimmung seiner Schöpfermacht gleich. Botticelli gehörte zu jenen Malern, die ein neuartiges Verständnis von Bilderfindung herbeiführten. So fern er den Mitteln und Zielen Leonardos auch stand, in der Selbstermächtigung der Malerei trafen sich ihre Positionen. In der *Anbetung Del Lama* tritt Botticelli als ›signore e dio‹, als Herr und Gott, vor den Betrachter: als Verkörperung eines Vermögens zum Weltentwurf, das Leonardo dem Maler ausdrücklich zutraute. So ist das Altarbild aus Santa Maria Novella zugleich das Manifest eines stolzen Künstlers, der sich gewiss war, mit diesem Werk, das von jedem Florentiner gesehen werden würde, den beruflichen Durchbruch zu erzielen.

## Das Ende des Fensters

Der *Heilige Augustinus*

In den meisten seiner religiösen Gemälde hatte Botticelli Themen und Motive zu bearbeiten, denen bereits eine bestehende Bildtradition zugrunde lag. Er variierte sie kompositionell und bereicherte sie ikonographisch – häufig durch eine neuplatonische Ausdeutung. 1480 erreichte ihn ein Auftrag der Vespucci, seiner direkten Nachbarn, bei dem das Sujet selbst mitten in den besagten Ideenkreis hineinführte: In der Kirche Ognissanti schuf er eine lebensgroße Darstellung des Kirchenvaters Augustinus, dessen Schriften die wichtigste Brücke zwischen Platonismus und Christentum darstellen. Das Fresko befand sich ursprünglich auf der Lettnerwand, die den Altarraum gegen das Kirchenschiff abgrenzte. Im Zuge der Niederlegung des Lettners ist es 1564 an die rechte Seitenwand versetzt worden. Botticelli malte den *Heiligen Augustinus* rechts neben den mittleren Durchgang zum Chor, links davon stellte Domenico Ghirlandaio den *Heiligen Hieronymus* dar – eine bewusst inszenierte Malerkonkurrenz. Das Datum »1480« in Ghirlandaios Fresko bezieht sich auf die Florentiner Zeitrechnung; als Entstehungszeitraum kann folglich das Jahr zwischen dem 25. März und dem 24. März 1481 angenommen werden. Da das Malen *al buon fresco* im Winter schwierig ist, erscheint eine Datierung auf Sommer/Herbst 1480 am wahrscheinlichsten. Ognissanti war seit dem 14. Jahrhundert mehr und mehr zu einer Art Hauskirche des mächtigen Florentiner Geschlechts der Vespucci geworden. Das Wespenwappen im *Augustinus*-Fresko bekräftigt ihre maßgebliche Patronage. In den Jahren um 1480 strebten die Vespucci offenbar eine umfassende Renovierung von Kirche und Kloster an. Vermutlich war es der Humanist Giorgio Antonio Vespucci,

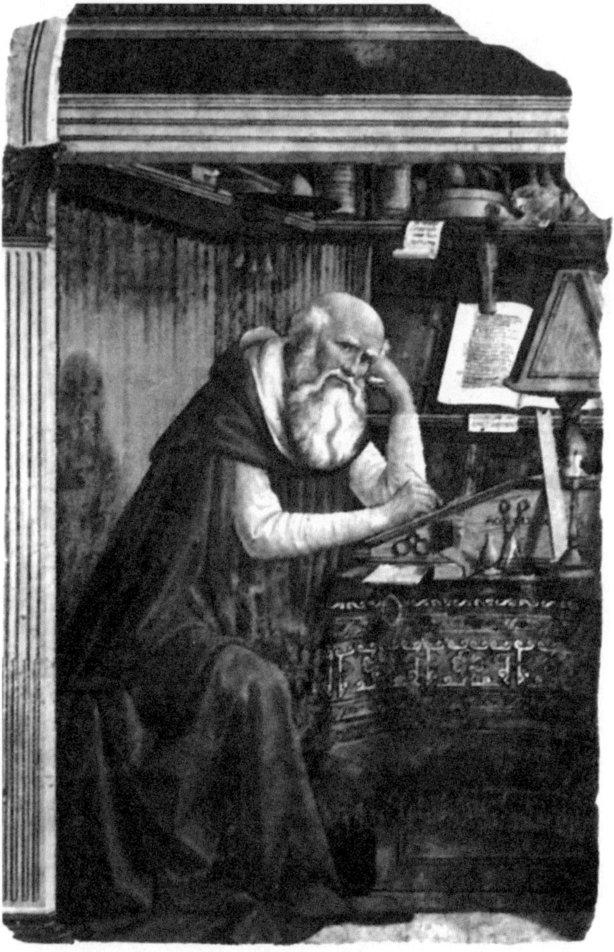

Domenico Ghirlandaio, *Heiliger Hieronymus*, 184× 119 cm, Florenz, Ognissanti, 1480

der den Auftrag zur bildlichen Ausgestaltung der Chorschranke erteilte.

Die Folianten, das Schreibgerät, das Lektionar rücken die Ikonographie der Fresken Botticellis und Ghirlandaios in die Ahnenreihe der Autoren- und Evangelistenportraits.

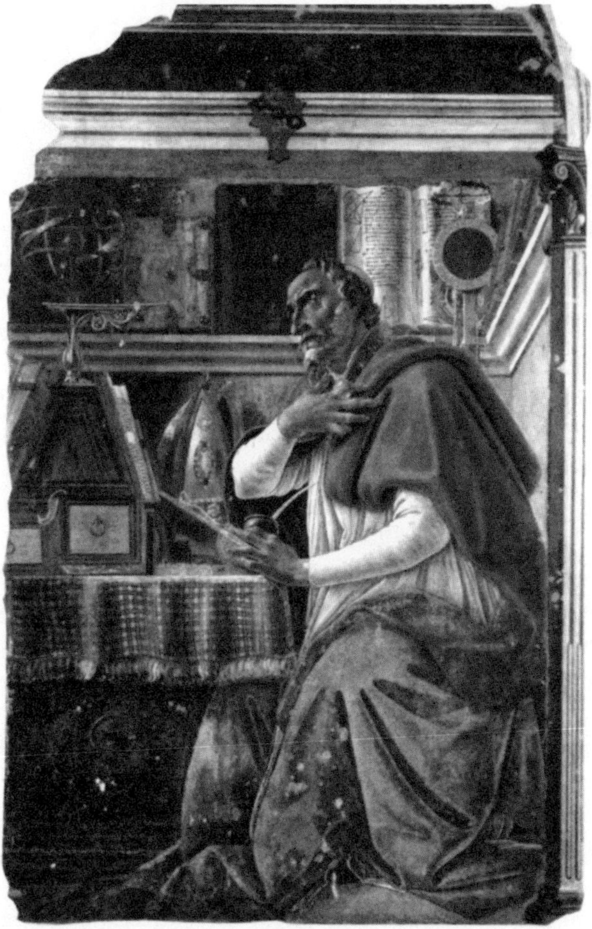

Sandro Botticelli, *Heiliger Augustinus*, 152 × 112 cm, Florenz, Ognissanti, 1480

Doch obwohl sich die Haltung beider Figuren auf den ersten Blick ähnelt, entspricht nur die Gestalt des *Heiligen Hieronymus* der Darstellungstradition des Autors, der gerade schreibt oder über das zu Schreibende oder Geschriebene nachsinnt. Botticelli dagegen schert aus den

Konventionen des Autorbildes formal und ikonographisch in entscheidenden Punkten aus. Augustinus' wissenschaftliche Hilfsmittel beziehen sich auf Kosmologie, Zeitmessung, Geometrie, seine Tätigkeit hat mit Textvergleich, Abschrift und Übersetzung nichts zu tun. Die Wahrheit erschließt sich ihm nicht aus Büchern, sondern wird außerhalb gesucht und innerlich ergriffen. Er schreibt nicht, sondern hat die rechte Hand vor die Brust geführt, Haupt und Rücken richten sich auf. Augustinus vertieft nicht seine Kenntnisse, sondern strebt nach Erkenntnis.

Über die Enge des Raumes setzt sich die Gestalt des Heiligen mächtig und dynamisch hinweg. Sein ruckartiges Ergriffenwerden bezieht sich auf etwas, das außerhalb des Bildes liegt. Augustinus' sehnsuchtsvoller Blick geht hinauf zur goldglänzenden Armillarsphäre, die links oben auf einen silbernen Ständer über dem Lektionar montiert ist. Durch die Metallbänder fallen von links oben fünf feine Goldstrahlen ein, deren mittlerer genau sein rechtes Auge, ein anderer den Sitz des Herzens trifft (die Strahlen sind *a secco* aufgetragen, also nachträglich auf den bereits getrockneten Putz aufgemalt; während des Hochwassers von 1966 gingen sie großenteils verloren). Die Quelle dieser Lichterscheinung bleibt jedoch verborgen. Stellt man sich das Fresko an seinem Ursprungsort vor, so liegt sie jenseits der benachbarten Tür. In den goldenen Nadeln materialisiert sich das Licht, das – aus derselben Richtung kommend – auch den übrigen Bildraum durchflutet. Es muss sich um ein übernatürliches Phänomen handeln, denn wiewohl der Raum selbst einheitlich beleuchtet ist, stimmt dies nicht mit den Lichtverhältnissen außerhalb überein: Auf die Seitenfläche des Pilasters und die Laibung des Bogenansatzes trifft das Licht von scharf rechts.

Blickt man im Geiste herüber zum *Hieronymus*-Fresko, so bemerkt man, dass diese Unterscheidung dort nicht vorgenommen wurde: Studierstube und vorgeschaltete Architektur werden einheitlich von rechts beleuchtet, was im

Übrigen dem natürlichen Lichteinfall in Ognissanti entsprach. Botticelli zeigt Augustinus im Anblick des Wunders; es qualifiziert ihn zum Heiligen, dass er sich in einer Welt befindet, in der nicht mehr dieselben Gesetze gelten wie in der des Betrachters. Mit dieser Differenzierung trug Botticelli Augustinus' enormer Bedeutung für die Begründung der christlichen Lichtmetaphysik Rechnung.

Die energische Untersicht steigert nicht nur die Monumentalität der Figur, sondern verstärkt auch den Eindruck, sie wachse förmlich empor. Augustinus sprengt sein Gehäuse, um einer anderen Wirklichkeit teilhaftig zu werden. Unterschiedliche Realitätsgrade wirken so zusammen, dass der eigentliche Gegenstand der Darstellung und die Raumfiktion in einen kalkulierten Konflikt geraten. Noch komplizierter wird dieses Verhältnis dadurch, dass Botticelli sich neben der bereits erwähnten doppelten Lichtführung auch noch einer doppelten Perspektive bedient. Während der Pilaster vor dem *Augustinus*-Fresko mit einem Betrachter auf der Höhe des Kapitells (also höher als der Kopf des Heiligen) rechnet, muss man in den ›dahinter‹ liegenden Raum von unten hinaufschauen. Im Unterschied dazu stimmen in Ghirlandaios Fresko die Fluchtlinien des rahmenden Pilasters mit denen innerhalb des Studierzimmers überein.

Durch die perspektivischen Inkongruenzen und die unterschiedliche Beleuchtung wird die Verbindung von Bildraum und Betrachterraum unterbrochen. Obwohl die Gestalt des Heiligen ganz nahe an die vordere Bildgrenze herangeschoben wird, tritt eine unüberwindliche Schranke zwischen sie und den Betrachter. Sowohl das sinnlich Wahrnehmbare der Figur als auch ihre Beziehung zum Außen verliert alles Selbstverständliche, alles »Fensterhafte« im Sinne Albertis, der mit dieser Metapher die Fortsetzung der Wirklichkeit im Bild postuliert. Vielmehr wird der Heilige zur ›Erscheinung‹, den Begrenzungen des irdisch-realen Raumes enthoben – er hat »den Ort gewechselt«, wie die Inschrift auf dem Fries des Architravs besagt: »Sic

Augustinus Sacris Se Tradidit ut non Mutatum Sibi adhuc Senserit Esse Locum«. Diese Worte nehmen Bezug auf den ekstatischen Zustand des Heiligen, der ihn aus den vertrauten Raumverhältnissen heraushebt und in eine eigene Sphäre versetzt, ihn »verändert und verwandelt« (»mutatur et vertitur«), wie Augustinus selbst einmal die Erfahrung des Außer-sich-Seins, der Ek-Stase, beschrieben hat.

In der Forschung wird mehrheitlich davon ausgegangen, dass Botticelli hier die sogenannte Hieronymus-Vision illustriert habe. Das Ereignis ist in einem apokryphen Brief des heiligen Augustinus an den heiligen Kyrill überliefert. Danach nahm Augustinus, während er eine schriftliche Anfrage über den Status der Seligen im Himmel verfasste, plötzlich ein »unbeschreibliches Licht« wahr. Im nächsten Moment hört er die Stimme seines Briefpartners Hieronymus, der unmittelbar zuvor in einem Kloster bei Bethlehem verstorben war. Nun dämpft er Augustinus' metaphysische Neugier mit dem Hinweis, dass das Verlangen nach Verstehen der letzten Mysterien aussichtslos sei, solange der Mensch den Beschränkungen seiner irdischen Existenz unterworfen sei. Merkwürdigerweise lassen die Beschriftungen über den Fresken Botticellis und Ghirlandaios keinen Bezug auf den legendären Vorgang erkennen. Hieronymus wirkt auch keineswegs so, als wenn jeden Moment mit seinem Dahinscheiden gerechnet werden müsste.

Daher lautet ein anderer Vorschlag, dass hier das Bekehrungserlebnis im Mailänder Garten dargestellt sei, wo Augustinus durch Befolgen des »Nimm' und lies« seine existentielle Zerrissenheit überwindet. Botticellis *Augustinus* befindet sich jedoch in einem Innenraum; er ist auch nicht in die Lektüre vertieft, wie es der Bekehrungsszene entspräche. Diese wird im achten Buch der *Confessiones* geschildert, von einer Lichtvision ist aber im siebten Buch die Rede. Und naheliegenderweise fand Augustinus zum Christentum nicht erst, nachdem er Bischof geworden war. Vermutlich hat sich Botticelli hier nicht auf eine bestimmte

Episode aus der Vita des Heiligen konzentriert. Eher hat er versucht, das Persönlichkeitsbild eines visionär begabten Menschen zu zeichnen, wobei ihn durchaus disparate Momente seiner Lebensbahn inspiriert haben könnten.

Augustinus ragt mit seinem Haupt in die Zone der ungetrübten Rationalität: des getakteten Maßes (die Konsoluhr), des ruhigen Laufes der Sterne (die Armillarsphäre), der ewigen mathematischen Gesetze (die geometrischen Zeichnungen in dem aufgeschlagenen Buch). Doch zur Ruhe kommt er dadurch nicht, im Gegenteil: Sein Gesicht ist die unruhigste Partie des gesamten Bildes, weil es ganz und gar von der Lichterscheinung absorbiert wird, hinter der jedes wissenschaftliche Interesse zurücktreten muss. Über die novellistische Schilderung der Hieronymus-Vision geht Botticelli insofern hinaus, als er zu ihrem ›philosophischen‹ Kern vordringt.

In seinem Brief begehrt Augustinus von Hieronymus Aufklärung über Dinge, die jenseits menschlicher Vorstellungskraft liegen. Aus dem Licht heraus, das in diesem Moment in sein Zimmer dringt, hält ihm eine Stimme die Vergeblichkeit dieses Ansinnens vor. Die Suche nach Erkenntnis der himmlischen Geheimnisse mit den Mitteln des Intellekts wird verworfen, Augustinus vor die demutgebietende Frage gestellt, warum er das Unfassbare messen wolle. Aber nicht nur Aufgewühltheit im Angesicht einer übernatürlichen Erscheinung wurde in Ognissanti dargestellt, sondern das Eintreten in das eigene Innere, wo der Heilige das unveränderliche Licht schaut: geistiges Erkennen des eigenen Seinsgrundes und zugleich Sehnsucht nach Vereinigung mit ihm. So hebt Botticelli den bedeutendsten Philosophen des Abendlandes aus der anekdotischen Rolle heraus und charakterisiert ihn als christlichen Mystiker. Vasaris Mitteilung, mit dem *Augustinus*-Fresko habe Botticelli alle anderen Meister seiner Zeit übertreffen wollen, ist stichhaltig vor allem in Hinblick auf die intellektuelle Durchdringung des Gegenstandes.

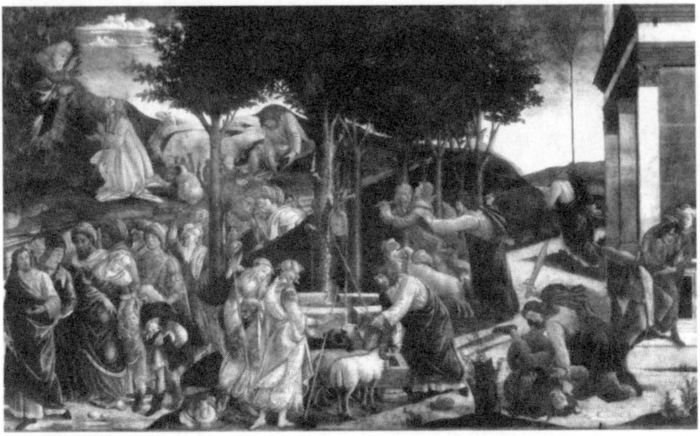

Sandro Botticelli, *Prüfungen des Moses*, 348,5 × 558 cm,
Rom, Vatikan, Sixtinische Kapelle, 1481/82

## Zusammenprall der Bildkulturen

### Die Fresken in der Sixtinischen Kapelle

In seiner gesamten Laufbahn hat Botticelli keinen umfangreicheren Auftrag ausgeführt als die Fresken, mit denen er sich zwischen Herbst 1481 und Frühjahr 1482 an der Wanddekoration der unter Papst Sixtus IV. renovierten *Capella Maior* des Apostolischen Palastes – des Wohn- und Regierungssitzes der Päpste – beteiligte. Schon vor 1481 war die Decke mit einem Sternenhimmel auf blauem Grund ausgeschmückt worden; darunter begannen die Partien, die Anfang der 1480er Jahre freskiert wurden. Neben jedem Rundbogenfenster erblickt man rechts und links je eine ganzfigurige Darstellung eines heiligen Märtyrer-Papstes; auf diese Weise umzog ein Fries von insgesamt 32 Papst-Bildnissen den Kapellenraum. In der mittleren Wandzone darunter folgten die Wandbilder mit biblischen Historien, das untere Register wurde mit gemalten Vorhängen dekoriert. Auch diese beiden Zonen umliefen den Raum als ununterbrochener Zyklus, bevor die Eingangs- und die Altarwand der Kapelle im 16. Jahrhundert neu gestaltet wurden.

Um das aufwendige Dekorationssystem zu realisieren, arbeiteten hier, Seite an Seite mit Botticelli, Pietro Perugino, Domenico Ghirlandaio, Cosimo Rosselli, Biagio di Antonio und Luca Signorelli. Vasari hebt die Ehrenhaftigkeit dieser Tätigkeit für Sixtus IV. hervor. Botticelli ging vermutlich aus freien Stücken nach Rom und nicht, wie des Öfteren suggeriert worden ist, als diplomatisches ›Geschenk auf Zeit‹, das Lorenzo il Magnifico dem römischen Pontifex verehrt habe. Sixtus war 1478 am Attentat auf den Magnifico und seinen Bruder Giuliano beteiligt gewesen, das letzterer nicht überlebte; Lorenzo hatte daraufhin zwei Jahre lang Krieg gegen den Kirchenstaat geführt. Seine politischen Pläne waren antipäpstlich, das heißt auf

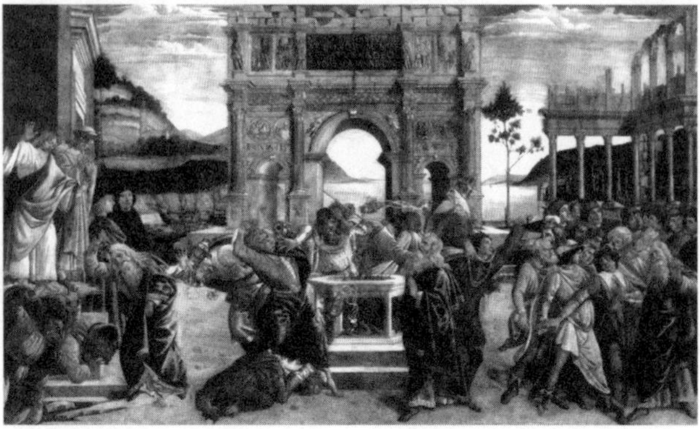

Sandro Botticelli, *Bestrafung der Rotte Korah*, 348,5 × 570 cm, Rom, Vatikan, Sixtinische Kapelle, 1481/82

Eindämmung der Macht des Kirchenstaates und eine toskanische Hegemonie in Mittelitalien hin angelegt. Das Bildprogramm der Sixtinischen Kapelle aber lief auf eine Propagierung des *Primatus Petri* und damit des päpstlichen Machtanspruchs hinaus. Botticelli war so frei, dass er 1478 die Schandbilder der Verschwörer malte und sich nur drei Jahre später in die Dienste jenes Mannes begab, der das Komplott von Rom aus maßgeblich betrieben hatte.

Die Maler hatten die Aufgabe, die Geschichte des Gottesvolkes in typologischer Gegenüberstellung zu schildern: Szenen aus dem Leben des Moses und dem Leben Christi, die sich als Vorausdeutung und Erfüllung aufeinander beziehen lassen, stehen sich gegenüber. Daneben sollte das Papsttum als legitimer Verwalter dieser geschichtlichen Heilsgewissheiten in der Bilderzählung aufscheinen, mithin die Schlüsselgewalt der Stellvertreter Christi bekräftigt werden.

Von Botticellis Fresken befinden sich zwei auf der Südseite, die *Prüfungen des Moses* im zweiten und die *Bestrafung der Rotte Korah* im fünften Joch; das dritte zeigt, im zweiten Joch auf der Nordseite und damit der *Jugend des Moses* gegenüber, die *Versuchungen Christi*. Jedes seiner Wandbilder

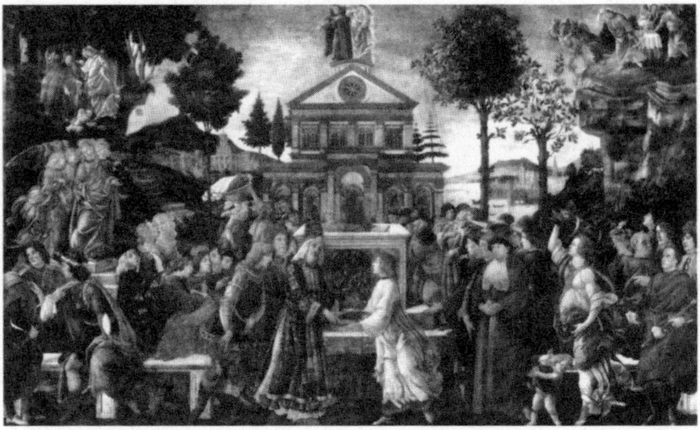

Sandro Botticelli, *Versuchungen Christi und Reinigungsopfer vor dem Tempel*, 345,5 × 555 cm, Rom, Vatikan, Sixtinische Kapelle, 1481/82

nimmt eine zentrale Position ein, denn die Dekoration der Längswände ist dergestalt ryhthmisiert, dass die sechs Joche jeder Seite zu zwei Dreiergruppen zusammengezogen werden. Dies geschieht, indem im zweiten und fünften Joch Schwerpunkte gebildet werden: Die Vorhänge des unteren Registers nehmen hier eine andere Farbe an, und die Kompositionen der Bildfelder darüber werden durch ein dominierendes Mittelelement zentralisiert. In Botticellis Fresken sind dies der Triumphbogen in der *Bestrafung der Rotte Korah*, der Tempel in den *Versuchungen Christi* und die beherrschende Baumkrone in der *Jugend des Moses*.

Die subtile Symmetrie, die durch die Betonung der jeweils mittleren der drei Wandfelder erzeugt wird, birgt einen ikonographischen Sinn: Sie zeigen Szenen, die für die Idee des Papsttums besonders relevant sind. Wenn von den vier ›Mittelfeldern‹ drei von Botticelli stammen, darunter dasjenige über dem Thron des Papstes (die *Jugend des Moses*), so könnte dies als Hinweis darauf zu werten sein, dass er in der künstlerischen Koordination des Projekts eine führende Stellung innehatte. Auf jeden Fall muss eine sehr enge Abstimmung unter den beteiligten Malern stattgefunden haben. Indizien dafür sind die übereinstimmende

Gesichtstypik und das allmähliche Altern des Moses, die gleichbleibenden Größenverhältnisse, die Kontinuität des Landschaftsstreifens und das Einhalten eines mittebetonten Rhythmus innerhalb der Dreier-Abschnitte.

Botticellis Einzelbeiträge zur Ausstattung der Sixtinischen Kapelle hinterlassen, trotz der glänzenden Ausgangsbedingungen, einen zwiespältigen Eindruck. Obwohl die römischen Fresken den hauptsächlichen Ausgangspunkt für Botticellis ›Wiederentdeckung‹ im 19. Jahrhundert bildeten, sind sie bislang so gut wie ausschließlich unter ikonographischen Gesichtspunkten untersucht worden. Angesichts der herausragenden Funktion der Kapelle ist diese Einseitigkeit des Interesses durchaus verständlich. Gleichwohl sollte die Beurteilung ihres künstlerischen Ranges über die propagandistischen Aspekte der Ausstattung nicht völlig außer Sicht geraten.

In Rom hatte sich Botticelli einem vorgegebenen Programm zu fügen, vermutlich sogar bestimmte Vorgaben bezüglich der verwendeten Materialien und Farben zu akzeptieren. In der kollektiven Betätigung musste ein möglichst gleichbleibendes Niveau eingehalten werden, die Stileinheit wurde auf Kosten des Individualstils forciert. Sowohl die künstlerische als auch die ideologische Aufgabe dürften Botticellis Neigungen nicht gerade entgegengekommen sein. Gefordert war eine Nacherzählung von historischen Ereignissen mit pädagogischem Impetus. Diese doktrinär-apologetische Absicht legten die Maler der Sixtina auf ein wörtliches Bildverständnis ohne allegorische Sinnebenen fest. Wo es galt, die Geschichtlichkeit der biblischen Ereignisse mit größtmöglicher Eindeutigkeit zu verkünden, war der Spielraum für eine symbolische oder metaphorische Geschichtsdeutung viel kleiner, als Botticelli es aus Florenz gewohnt war. Zudem fehlte ihm für das erzählende Fresko die Erfahrung. Es dürfte auch kaum die Idee der beteiligten Künstler gewesen sein, in die Sixtinafresken möglichst zahlreiche Portraits von Angehörigen und Mitarbeitern der römischen Kurie einzufügen. Bei Botticelli hatte dies zur Folge, dass bisweilen die Momente größter Aufgewühltheit mit völlig unbeteiligten Gesichtern in direkter Nachbarschaft kontrastieren.

Dem Vertragstext vom 27. Oktober 1481 ist zu entnehmen, dass die Ausstattung der Sixtinischen Kapelle ihren Ausgang an der Altarseite nahm. Daraus hat man geschlossen, dass der Fortgang der Arbeiten sich kontinuierlich von Westen nach Osten bewegt habe, beginnend mit Peruginos Fresken der Altarwand, der *Auffindung des Moses* und der *Geburt Christi*, und fortgeführt über die Seitenwände bis zur Eingangswand. Freilich verpflichteten sich die Maler zur Ausführung von zehn Historienbildern bis Mitte März 1482; wäre der Zyklus also Bild für Bild vorangeschritten, so hätte Botticelli den Auftrag für die *Bestrafung der Rotte Korah* erst zu einem späteren Zeitpunkt erhalten, denn es ist das zweitletzte Fresko auf der Südseite. Dasselbe gilt für Ghirlandaio, der aber spätestens im Mai 1482 schon wieder in Florenz weilte. Es gibt also äußere Anhaltspunkte für eine zwischen den Wänden ›springende‹ Vorgehensweise. Stilistische Befunde unterstützen diese Vermutung. Im Falle Botticellis ergibt sich aus der Art und Weise, wie die Komposition auf den ungewohnten Größenmaßstab reagiert (und sich in gewisser Weise an ihn gewöhnt), ein Kriterium für die chronologische Abfolge der Fresken.

Danach ist die *Jugend des Moses* wohl am Anfang von Botticellis Tätigkeit in der Sixtinischen Kapelle entstanden. Die Bildgestalt dieses Freskos zeugt von einer gewissen Hilflosigkeit beim Umgang mit der Fläche. Um 1480, kurz vor der Berufung nach Rom, hatte Botticelli mit seinem Bildkommentar zu Dantes *Göttlicher Komödie* begonnen und für die Inferno-Zeichnungen einen älteren Erzählmodus adaptiert, bei dem dieselben Figuren mehrmals innerhalb eines Bildes erscheinen. Vermutlich folgte er dem geforderten Programm, nach dem er insgesamt vier Erzählsequenzen aus dem Leben des jungen Moses in einer

Komposition zu vereinigen hatte; also griff er auf dieselbe Darstellungstechnik zurück wie in den Dantezeichnungen. Im großen Maßstab jedoch und ohne den theologisch-poetologischen Überbau führt die kontinuierende Schilderung zu einer für Botticelli ungewöhnlichen Unübersichtlichkeit der Komposition.

Das Fresko zeigt, wie die Inschrift darüber besagt, die »Temptatio Moisi Legis Scriptae Latoris«. Die »Versuchung« ist hier als Summe der Herausforderungen zu verstehen, denen Moses in Ägypten ausgesetzt war. Rechts unten rächt Moses einen Israeliten, der von einem ägyptischen Aufseher gequält worden war. Dafür wird er von Moses getötet; unmittelbar über dieser Szene eilt er als Rückenfigur davon, um sich der ägyptischen Gerichtsbarkeit zu entziehen. Weiter links befindet er sich im Land Midian, wo er die Hirten verjagt, die den Töchtern des Jethro eine Wasserstelle streitig machen wollten; im nächsten Moment tränkt er ihre Schafe. Darüber befindet sich Moses am Fuß des Berges Horeb; er löst seine Sandalen, in Vorbereitung auf die Begegnung mit Gott im brennenden Dornbusch links oben. Darunter führt er einen Zug aus Männern, Frauen und Kindern an; hier könnte der beginnende Exodus vergegenwärtigt sein. Vermutlich kehrt Moses aber zurück, um den Auszug aus Ägypten vorzubereiten, denn der Moses des Nachbarfreskos, der vom jenseitigen Ufer des Roten Meeres aus dem Untergang der Ägypter zusieht, ist einige Jahre älter als dieselbe Figur in der *Versuchung*.

Allein die Tatsache, dass Moses bei seinem siebenmaligen Erscheinen jeweils ein Stückchen weiter nach links rückt, lässt ein zeitliches Element erkennen. Es gelingt Botticelli aber nicht, die Einzelepisoden zu einem Ganzen zusammenzuschließen, wenn auch kein anderes Wandbild der Sixtina an die psychologische Durchdringung der *Jugend des Moses* heranreicht. Doch in der päpstlichen Hauskapelle sollte vor allem unmittelbar einleuchtend erzählt werden, wie es etwa Perugino mit seiner *Taufe Christi* an der gegenüberliegenden Wand gelingt, indem er zwei der drei darzustellenden Episoden zu Nebenhandlungen degradiert. Auf diese Weise konnte das Raumbild vereinheitlicht und die Konzentration auf die wichtigste Handlung sichergestellt werden. Bei Botticelli konkurriert die Zentralisierung durch den kleinen Hain in der Mitte mit dem Fluss der Figurenerzählung.

Demgegenüber ist die *Bestrafung der Rotte Korah*, vermutlich das zweite Fresko Botticellis, schon viel eindeutiger angelegt. Moses, mittlerweile ein alter Patriarch, erscheint nur noch dreimal, und zwar jedesmal auf derselben Höhe. Dreimal ist der vergebliche Aufruhr gegen den »Gesetzgeber« der Israeliten das Thema, auf das die Inschrift Bezug nimmt: »Conturbatio Moisi Legis Scriptae Latoris«. Wieder führt die Leserichtung, da das Fresko auf der Südwand gelegen ist, von rechts nach links. Ganz rechts hat sich die Unzufriedenheit des Volkes nach Jahrzehnten der Wanderschaft so zugespitzt, dass Moses und sein Bruder Aaron gesteinigt werden sollen. Die Mitte des Freskos, hinterfangen von der Kulisse eines Triumphbogens, und das linke Bilddrittel zeigen die Bestrafung derer, die sich gegen ihre Führer empört hatten. In der Mitte erweist ein Rauchopfer die Erwähltheit von Moses und Aaron: Die Weihrauchfässchen beginnen soeben, die Aufrührer zu verbrennen, Aaron aber schwingt unbeirrt sein Rauchfass – der Beweis ist erbracht; er ist der einzige Hohepriester. Links trifft der Zorn des Moses die Rebellenführer: Die Erde tut sich auf und reißt zwei entsetzte Männer in den Abgrund. Über den Verdammten stehen zwei Jünglinge auf Wolken; diese beiden Söhne Korahs werden von der Strafaktion ausgenommen, weil sie Moses gegenüber gehorsam geblieben waren.

Die politische Stoßrichtung des Programms tritt hier besonders scharf hervor. Unbestritten bildeten die stürmischen Zeitläufte den Subtext für die altbiblische Ikonographie. Aaron, der die päpstliche Tiara trägt, wird als Vorläufer des römischen Pontifex präsentiert, dessen Autorität von allen möglichen Seiten angefochten wurde. An der Wand gegenüber hat Perugino die *Schlüsselübergabe* dargestellt; von dieser Szene leiteten die römischen Päpste von jeher ihre Amtsgewalt ab. Botticelli hat eine anachronistische Kulisse gewählt, die durch das *Buch Exodus* nicht gerechtfertigt wird: Eine Paraphrase des Konstantinsbogens beherrscht den Schauplatz, die alttestamentliche Geschichte wird damit ›romanisiert‹. Dasselbe Monument, eine klare Reverenz an das römische Papsttum, begegnet in Peruginos Fresko gegenüber gleich zweimal. Wie dort Petrus von Christus als sein Statthalter auf Erden eingesetzt wird, so wurde Aaron von Moses als erster Hohepriester eingesetzt. Korah und seine Gefolgsleute wollten das allgemeine Priestertum erzwingen; Moses entgegnete ihnen, dass sie nicht gegen Aaron, sondern gegen Gott selbst murrten. Diese Worte waren aus römischer Sicht aktuell wie nie, und sie galten jedem, der den *primatus Petri* in Frage stellte. In die Attikazone des Konstantinsbogens ist eine Inschrift eingelassen, die nochmals vor der Anmaßung der priesterlichen Würde warnt. Der Text geht zurück auf den Hebräerbrief, dessen Wortlaut jedoch in einen Imperativ gewendet wird. Der Triumphbogen wird dadurch zur Drohkulisse.

Botticelli hat die Bildfläche in drei klar voneinander geschiedene Abschnitte gegliedert. Diese Unterteilung entspricht nicht drei Momenten eines Handlungsstrangs, denn was in der Mitte und links wie zwei getrennte Szenen wirkt, ist in Wirklichkeit narrativ eng miteinander verzahnt. Dennoch erweckt die Figurenkomposition den Anschein, als wäre hier eine fortlaufende Handlung bildbestimmend – nicht zuletzt durch die Figur des Moses, die so ›dekliniert‹ wird, dass zusammengenommen der Eindruck entsteht, sie gebe drei Phasen eines Geschehens wieder.

Die antikische Bildarchitektur, für die Botticelli an Ort und Stelle die Zeugnisse der römischen Vergangenheit studiert hat, riegelt die Figurenkette von der dahinterliegenden Landschaft ab. Sie ist von gänzlich anderem Charakter als die Einöde des Vordergrundes. Die anmutige Natur dürfte auf das Land Kanaan zu beziehen sein: Unmittelbar bevor das große Murren der Israeliten begann, waren von Moses ausgesandte Kundschafter mit der Nachricht zurückgekehrt, dass dies tatsächlich das verheißene Land sei. Auch befestigte Städte gebe es dort (eine davon ist rechts des Wassers dargestellt), deren Bewohner ihnen sehr stark schienen. Der Verdacht, dass Moses sein Volk ins Verderben führen wolle, war der Auslöser für die versuchte Steinigung.

Auch in der *Bestrafung der Rotte Korah* ergibt die Komposition kein lebendiges Bildganzes. Der Triumphbogen zentralisiert den Bildraum, der Effekt der ›verschobenen Phasen‹ im mehrfachen Erscheinen des Moses nivelliert die Bildzeit. Dadurch wird der Konflikt zwischen zeitlichem Hintereinander und räumlicher Gleichzeitigkeit zwar entschärft, ansatzweise gelöst wird er aber erst im dritten Fresko Botticellis, dessen korrekte Benennung Schwierigkeiten bereitet. Der Inschrift zufolge sind hier die Versuchungen Christi dargestellt: »Temptatio Jesu Christi Latoris Evangelicae Legis«. Sie sind hier wieder über drei Szenen verteilt, doch im Unterschied zur Bestrafung der Rotte Korah nicht in der vorderen Bildebene zur Darstellung gebracht, sondern zwischen Mittel- und Hintergrund angesiedelt. Zu sehen sind von links nach rechts – der Leserichtung auf der Nordwand gemäß – die Aufforderung des Teufels, Steine in Brot zu verwandeln; seine Ermunterung, sich von der Zinne des Tempels zu stürzen; das Ablassen des Versuchers und der darauffolgende Engelsdienst an Christus.

Den Vordergrund füllen fast dreimal so große Figuren aus, die sich um eine Opferszene vor einer Tempelfassade scharen. Die Verbindung mit den Versuchungen leuchtet weder räumlich noch ikonographisch ein. Allein das vierte Erscheinen Christi, auf der linken Seite im Kreise der Engel, scheint in einer gewissen Beziehung zu dem Geschehen vor dem Tempel zu stehen. Die Front reproduziert die Fassade des Ospedale di Santo Spirito und damit eines der aufsehenerregendsten Neubauprojekte Papst Sixtus' IV. Durch die Verlegung der Versuchungen Jesu in das obere Bilddrittel ist die Architektur hier der Mittelpunkt zweier Handlungen. Die figürliche Szene des Vordergrundes kann dadurch zwangloser in die Tiefe hinein entwickelt werden. Anders als in den ersten beiden Fresken Botticellis kann jetzt nicht mehr nur von einem Einsinken des Horizonts, sondern von einem Einschwingen der gesamten Komposition zur Mitte hin gesprochen werden. Das Personal ist so angeordnet, dass Tempel und Altar gewissermaßen umkreist werden.

Die Ikonographie dieses mutmaßlich letzten der drei Fresken Botticellis wurde und wird kontrovers diskutiert. Es ist schwer vorstellbar, dass die »Versuchung«, die laut Inschrift den Grundgedanken bildet, sich allein auf die im Hintergrund wiedergegebenen Versuchungen Christi beziehen soll. Unabweisbar handelt es sich im Vordergrund um eine Opferszene, wahrscheinlich das alttestamentliche Reinigungsopfer des Aussätzigen oder eine Folgehandlung zur Aufforderung Jesu an den von ihm geheilten Aussätzigen, das Dankopfer nach mosaischem Gesetz darzubringen. Die szenischen Momente des Vordergrundes sind konzentriert auf die Interaktion des Hohenpriesters mit dem Akolythen. In der Übergabe der Schüssel kommt das Geschiebe und Gestikulieren der Umgebung zur Ruhe. Hier könnte die Vorbereitung auf das Sühneopfer dargestellt sein, das auf Weisung Jahwes einmal im Jahr dargebracht werden soll.

Im *Hebräerbrief* thematisiert der Apostel Paulus die Zweiteilung des jüdischen Zentralheiligtums, des Bundeszeltes. Im vorderen Teil, genannt »das Heilige«, wurde das ganze Jahr hindurch Gottesdienst gefeiert. Hinter einem Vorhang aber war »das Allerheiligste« verborgen, die Bundeslade mit den Gesetzestafeln. Diesen Ort betrat der Hohepriester nur einmal im Jahr, »und zwar nicht ohne Blut, das er für sich selbst darbringt sowie für die unwissentlichen Sünden des Volkes«. Ysopzweige dienten ihm dazu, das Volk draußen und die Heiligtümer drinnen mit dem Blut der Opfertiere zu besprengen. Die Trennung dieser beiden Bereiche deutet der Apostel als Zeichen dafür, dass »der Zugang zum Heiligtum noch nicht offen steht, solange das erste Zelt noch Bestand hat«. Der *Hebräerbrief* kreist um den Gedanken, dass mit Christus der ewige Hohepriester erschienen sei. Durch seinen Tod sei er »vermittels seines eigenen Blutes ein für allemal in das Heiligtum hineingegangen und hat ewige Erlösung erlangt«. Deutet der ausgeprägte Tiefenzug des Tempels in Botticellis Fresko auf das Allerheiligste hin, in das der Hohepriester gleich eintreten wird? Dann wäre die Opferszene des Vordergrundes als Vorausdeutung auf den Opfertod Christi zu verstehen, folgt man der Argumentation des heiligen Paulus.

Das Erscheinen Christi mit den Erzengeln im Mittelgrund kann keiner bestimmten Stelle in den Evangelien zugeordnet werden. Über seine annehmende Geste erschließt sich der Sinn des alttestamentlichen Sühneopfers als Präfiguration des Opfertodes am Kreuz, mit dem Christus die Sünden der Menschheit gesühnt hat. Mit diesem figürlichen Verbindungsglied wird ein Bogen geschlagen zur ›letzten Versuchung‹ Christi, der Todesangst im Garten Gethsemane. Im Wissen um seine baldige Passion bittet Jesus am Ölberg darum, den Kelch an ihm vorübergehen zu lassen, fügt sich dann aber dem Willen seines himmlischen Vaters. Der Evangelist Lukas setzt hinzu, dass ein Engel ihn stärkte. Über die Ölberg-Szene heißt es im *Hebräerbrief*, Christus sei »in jeder Beziehung gleichermaßen versucht worden«, mit seinem Gehorsam aber habe er die Erlösung bewirkt. Diesen Gehorsam beweist er auch in Botticellis Fresko: Christus streckt seine linke Hand nach der Opferszene im Vordergrund aus. Er ist das wahre Opfer, für das der altjüdische Ritus der Vorschein ist. Auf diese Weise hat Botticelli Christus und den Hohepriester als seinen typologischen Vorgänger in eine einheitliche eucharistische Sinngebung einbezogen. Sein Stellvertreter Sixtus IV. ist durch das Ospedale di Santo Spirito hintergründig präsent. Präfiguration und Postfiguration, Hohepriester und Papst, sollen gemeinsam auf den Mittler des neuen Bundes schließen lassen.

In dieser theologischen Feingesponnenheit ist das Fresko der *Versuchungen Christi* eindeutig komplizierter als die beiden anderen Wandbilder Botticellis. Diese befanden sich vor der Lettnerwand; ihre plakative Schlagkraft hängt vermutlich mit den Adressaten zusammen, die keine Geistlichen waren. Den *Versuchungen Christi* aber saß der Papst bei Zeremonien gegenüber; sein Thron befand sich unter dem Schirm der mächtigen Eiche in der *Jugend des Moses*: ein heraldischer Verweis auf das Geschlecht Della Rovere, dem Sixtus IV. entstammte und dessen Wappen eine Eiche ziert. Die inhaltliche Stimmigkeit der *Versuchungen* geht mit einem Zugewinn an kompositionellem Geschick einher. Der Reifungsprozess, den Botticelli vor den Wänden der Sixtinischen Kapelle durchlaufen hat, ist beachtlich. Die letzte Souveränität, viele Szenen und Figuren zu einem einheitlichen und überzeugenden Gesamteindruck zu verschmelzen, erlangte er dabei jedoch nicht. Der einzige Maler, dem es in der Sixtina gelingt, trotz der programmatischen Beschränkungen eine ›moderne‹ Bildvorstellung zu verwirklichen, ist Perugino. Die erzählenden Fresken erbringen in gewisser Weise den Negativbeweis dafür, dass Botticellis Berufung das ›ikonische‹ Tafelbild war. Es spricht für sich, dass er sich von der Kurie nicht für die verbleibenden Wandfelder verpflichten ließ (oder nicht verpflichtet wurde), sondern nach einem halben Jahr aus Rom wieder abreiste.

# Zum Bilde drängt doch alles

Die *Allegorie des Frühlings*

Nach der Rückkehr aus Rom im Frühjahr 1482 brach im Leben Botticellis eine Schaffensperiode an, die das ›klassische‹ Bild prägte, das sich die Nachwelt von seiner Kunst gemacht hat. In die Jahre zwischen 1482 und 1487 fallen die Aufträge für seine wichtigsten mythologischen Gemälde. Botticellis Verlangen nach idealer Schönheit hatte im Angesicht der antiken Zeugnisse in Rom unzweifelhaft einen kräftigen Schub erhalten. Doch weniger als seine Zeitgenossen versuchte er in seinen Bildern, die Werke des Altertums zu kopieren. Viel mehr als einzelne Motive scheint ihm die geschichtliche wie formale Entfernung der antiken Idealität von der Alltagswelt des 15. Jahrhunderts bedeutet zu haben. Was in seinen Mythologien zur Darstellung kam, musste daher mit der Erfahrungsrealität nicht verträglich sein. Für Florenz war dies ein grundsätzlich neuer Zugang zur klassischen Welt. Die unter dem italienischen Titel *Primavera* bekannte *Allegorie des Frühlings* markiert den

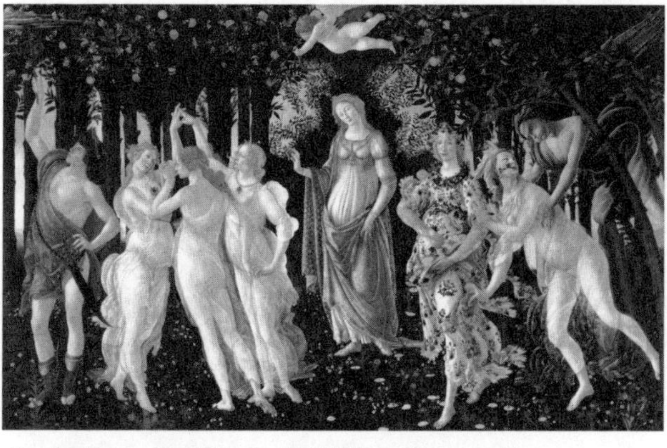

Sandro Botticelli, *Allegorie des Frühlings (Primavera)*, 203 × 314 cm, Florenz, Uffizien, um 1482–1485

Übergang von der Renaissance als einer ›Entdeckung der Natur‹ zur Renaissance als einer ›Entdeckung der Antike‹.

Die *Primavera* hat wie wenige andere Gemälde der europäischen Malerei zur Interpretation herausgefordert. Vorherrschend war dabei der Wille, das Kunstwerk aus seinen mutmaßlichen sozialen und geistigen Kontexten heraus zu verstehen. Die Vielzahl der Deutungen hat mitunter sehr divergierende Datierungen nach sich gezogen, die von 1475 bis in die Mitte der 1490er Jahre reichen. Ein methodisches Grundproblem liegt darin, dass grundsätzlich von der Auslegung auf die Entstehungszeit geschlossen wurde, stilkritische Überlegungen also kaum eine Rolle spielten. Stattdessen wurden zuerst äußere Faktoren erwogen und dann der Stil ›angepasst‹. Eine Datierung nach der Mitte der 1480er Jahre verbietet sich aus stilkritischen Gründen; hingegen besteht eine gewisse Wahrscheinlichkeit, dass die *Primavera* bald nach der Rückkehr Botticellis aus Rom 1482 begonnen und noch in der ersten Hälfte der 1480er Jahre vollendet wurde. Die Argumente resultieren aus dem Stil des Gemäldes (dem einzigen sicheren ›Dokument‹) wie aus den Entstehungsbedingungen (die immer nur vorläufig rekonstruiert werden können).

Die längsrechteckige Tafel wurde aus acht Pappelholz-Paneelen zusammengefügt. Sie zeigt acht Figuren mehr oder weniger aufrecht nebeneinander, von denen nur die beiden äußeren männlich sind, und eine über der mittleren Figur schwebende Kindsgestalt. Der Ort ihres Erscheinens ist eine Wiese, die von einer halbkreisförmig zurückschwingenden Baumreihe nach hinten geschlossen wird. Die botanische Vielfalt ist schwindelerregend: Botticelli hat hier rund 500 verschiedene Pflanzenarten dargestellt. Ein Myrtenstrauch bildet eine dunkle Folie hinter der mittleren Figur, deren herausgehobene Position auch dadurch gesteigert wird, dass sie gegenüber dem übrigem Personal, das in der vordersten Raumschicht aufgereiht ist, etwas zurückversetzt ist.

Die Figuren entstammen der griechisch-römischen Mythologie. Von rechts nach links, der ungewohnten Leserichtung des Gemäldes folgend, bricht der eisgrüne Luftgott Zephyr durch die Bäume; er begehrt die Nymphe Chloris, die sich anscheinend gerade noch auf der Flucht vor ihm befand. Seinen Lippen entströmt ein Luftstrahl, den die Nymphe aufzufangen scheint. Als unmittelbare Folge dieser ›Befruchtung‹ quellen Blumen aus ihrem Mund hervor, die überleiten zur ruhig einherschreitenden Frühlingsgöttin Flora. Sie ist an Scheitel und Hals mit Blumen bekränzt, ihr Kleid ist über und über mit Blumen bedeckt und nimmt teilweise selbst blütenförmige Umrisse an. Aus der Falte vor ihrem Schoß drängt eine Überfülle an Rosen hervor, die sie mit ihrer rechten Hand ausstreut. Das Nebeneinander von Chloris und Flora geht zurück auf die *Fasti* des Ovid, eine poetisch-mythologische Beschreibung der Monate des Jahres. Danach liegt dem Monat Mai eine Geschichte zugrunde, die mit der Vergewaltigung der Nymphe beginnt. Der reuige Zephyr suchte sein Vergehen dadurch zu entsühnen, dass er Chloris heiratete, woraufhin sie sich in Flora verwandelte.

Die Unverbundenheit der beiden jungen Frauen, die eigentlich dieselbe Person in zwei unterschiedlichen Phasen wiedergeben, wiederholt sich in der Beziehung Floras zu Venus in der Mitte des Bildes. Die Liebesgöttin trägt einen roten Mantel über einem weißem Kleid; die Analogie mit der traditionellen Kleidung der Jungfrau Maria wird durch den Schleier noch verstärkt. Wie Flora schaut Venus den Betrachter an, die eine unbekümmert, die andere unergründlich. Über der Mittelfigur schwebt ihr Sohn Cupido als nackter Putto mit verbundenen Augen. Die Verlängerung seines Pfeiles führt zu der mittleren der Drei Grazien, die links der Venus einen anmutigen Reigen aufführen. In Anlehnung an ein heute verlorenes Gemälde hatte Seneca die Grazien in durchsichtigen Gewändern geschildert; die erhaltenen plastischen Gruppen zeigen sie hingegen unbekleidet. Indem er die Mädchen von Schleiern umspielt darstellt, kommt Botticelli der antiken Malerei näher.

Die mittlere Grazie blickt zu Merkur am linken Bildrand hinüber. Der Götterbote, der in der antiken Mythologie zusammen mit den Grazien zu den Begleitern der Venus gehörte, hat den Kopf zum Himmel erhoben. Dorthin hat er auch seinen rechten Arm ausgestreckt, um mit seinem Heroldstab in das Laub der Bäume zu dringen. Dessen Spitze erreicht eine kleine Wolken- oder Nebelbank, die sich in der linken oberen Ecke des Bildes befindet. Merkur rührt oben an die Zone, aus der Zephyr am entgegengesetzten Ende des Bildes herabgestiegen war. Der »Mercurius Medicus« hatte Ende des 15. Jahrhunderts einen festen Platz in der Familiensymbolik der Medici – wie die Orangenbäume, die über den Köpfen der Figuren zugleich blühen und Früchte tragen. Vom »laurus« (Lorbeer), dem zweiten dominanten Gewächs, leitet sich der Name Lorenzo her, den der Magnifico trug.

Die linear-progressive, friesartige Komposition ist in etwas Zyklischem aufgehoben: Dem Hinab aller Gesten auf der rechten Seite antwortet links das Hinauf der Arme; der Umschlag geschieht in der Figur der Venus. Auch ohne Kenntnis des genauen ›Programms‹ ist klar ersichtlich, dass es sich um einen geistigen Kreislauf handelt. Zephyr fährt aus den himmlischen Höhen herab, Merkur wendet sich ihnen zu. Dazwischen ist die irdische Welt in ihrer ganzen sinnlichen Pracht ausgespannt, und zwar entlang einer gedachten Linie in Form eines Segmentbogens mit Sockelpunkt im Knie der Venus. Ein weiterer Bogen ist der Komposition in umgekehrter Richtung unterlegt, und auch er nimmt seinen Ausgang von den beiden männlichen Figuren an den Bildrändern. Die Kurve der elastischen Baumstämme rechts und die Kurve, die vom zurückgelegten Oberkörper Merkurs ausgeht, kreuzen sich in der Gestalt Cupidos.

Diese imaginären Konstruktionslinien dienen nicht nur der Bildverspannung, sondern sind auch Träger der Aussage. Die gesamte Komposition wird zum doppelten Rahmen für Venus, der unbestrittenen Herrin über das, was auf der Wiese vor sich geht. Sie tritt in Erscheinung als Impuls, der den Menschen – vertreten von den Göttern – zum sinnlich Schönen hinanzieht. Das Schöne lässt den Menschen aber auch zur geistigen, keuschen Liebe vordringen und weckt den Wunsch, dahinter die Schönheit Gottes zu erkennen. Aus dionysischem Trieb (Vereinigung und Fruchtbarkeit rechts) wird geordnetes, vernunftgeleitetes Handeln (Tanz und denkerische Anstrengung links). In die Region der ungetrübten Gottesschau gilt es dereinst aufzusteigen; dann werden die Nebel, die sich jetzt noch vor die letzte Erkenntnis legen, zerrissen sein. Die irdischen Leidenschaften sind ein Kältehauch im Vergleich zur Liebesglut, die den Menschen im Himmel erwartet; womöglich ist dies der Grund dafür, dass Venus und Mars durch die Farbigkeit ihrer Gewänder aufeinander bezogen sind. Zu dieser Erkenntnis treibt es den Menschen, daher die fortlaufende Bewegung von rechts nach links, die in einen umlaufenden, sich auf ewig erneuernden Zyklus der Liebe eingebettet ist.

Das Liebesthema ist zu offensichtlich, als dass man hier nur eine Jahreszeiten-Allegorie vermuten sollte, bei der Merkur die Winternebel vertreibt. Mittlerweile wird es jedoch überwiegend als müßig empfunden, den ›richtigen‹ Text zu finden, der die Ikonographie des Bildes gänzlich auflösen könnte. Aufgeboten wurden, um nur die wichtigsten Autoren zu nennen, aus der Antike Pythagoras, Ovid, Lukrez, Vergil, Horaz, Fulgentius, Martianus Capella; aus dem 14. Jahrhundert Dante, Petrarca und Boccaccio; die Zeitgenossen Ficino, Polizian und Lorenzo de' Medici – im Grunde das gesamte im späten 15. Jahrhundert bekannte Schrifttum, das sich zum Thema Naturverehrung und Liebeswerben ausfindig machen ließ. Möglicherweise hat sich Botticelli – beziehungsweise die gelehrten Berater, mit denen er sich abgesprochen haben dürfte – einer Vielzahl von nur lose verknüpften Quellen bedient.

Das Augenmerk hat sich in den zurückliegenden drei Jahrzehnten von den Textquellen ab- und dem Anlass des Gemäldes zugewandt. Man hat wohl eingesehen, dass es allemal ratsamer ist, sich um die historischen Hintergründe zu bemühen, als den jeweiligen Kontext je nach Deutungsmuster neu zu ›erfinden‹. So war Aby Warburg davon ausgegangen, dass die *Primavera* sich auf ein Turnier des Jahres 1475 beziehen lasse. In Polizians zu diesem Anlass begonnenen *Stanze per la Giostra* huldigt Giuliano de' Medici seiner Geliebten Simonetta Vespucci. Dementsprechend wurde das Bild lange vor 1476 datiert, dem Todesjahr der »bella Simonetta«. Abweichend wurde die Ermordung Giulianos 1478 als *terminus ante quem* genannt.

Bald kam jedoch Lorenzo di Pierfrancesco de' Medici ins Spiel, der ein Cousin des Magnifico und auch sein Mündel war, bis es zu einer fatalen Entzweiung kam. Die Medici-Villa bei Castello, wo Vasari das Bild sah, war 1477 auf Lorenzo di Pierfrancesco und seinen Bruder Giovanni übergegangen. Wieder war eine neue Datierung gefunden: Ernst H. Gombrich suchte sie durch einen Brief zu stützen, den Marsilio Ficino 1478 an seinen vierzehn- oder fünfzehnjährigen Schützling Lorenzo di Pierfrancesco schrieb. Demzufolge wäre die *Primavera* ein moralisierendes Erziehungsbild, mit dem der Halbwüchsige zur wahren Humanität angeleitet werden sollte. Auf diese Weise konnte, so schien es, der erotische Charakter des Bildes entschärft werden. Doch ein – dreißig Jahre nach Gombrichs Aufsatz – aufgefundenes Inventar verzeichnet es 1498 im Stadtpalast der Medici-Nebenlinie, der Lorenzo di Pierfrancesco angehörte. Daraus wurde geschlossen, dass die *Primavera* erst im 16. Jahrhundert in die Villa di Castello gelangte.

In dem Palast war das Gemälde oberhalb eines *lettuccio* angebracht, bildete also eine materielle Einheit mit einem sofaähnlichen Tagesbett. Botticelli könnte es für diesen Ort gemalt haben, den das Inventar als Vorraum zum Schlafgemach Lorenzos di Pierfrancesco angibt; dies war das Schlafzimmer seiner Frau Semiramide Appiani. Freilich sind gerade mobile Ausstattungsstücke anfällig für unfreiwillige Ortswechsel. Wenn man bedenkt, dass Lorenzo di Pierfrancesco 1494 sogar aus Florenz fliehen musste (um erst 1497 zurückzukehren), so kann sich in seiner Abwesenheit alles Mögliche in seinem Palast abgespielt haben, erst recht aber im Palazzo Medici in der Via Larga, dem Wohnsitz des bis 1494 regierenden Familienzweigs der Medici. Denkbar bleibt also auch, dass die *Primavera* für Lorenzo gemalt und dann von seinem missliebigen Cousin einverleibt wurde. Im Palazzo Medici ist das Bild 1492, als das Nachlassinventar des Magnifico erstellt wurde, nicht nachgewiesen; die Provenienz aus einer Medici-Villa erscheint aber weiterhin als mögliche Alternative.

Venus galt in der Antike als schützende Gottheit der Eheschließung, die ihr zugeordnete Myrte war ebenfalls mit Hochzeit und Fruchtbarkeit assoziiert. Im Unterschied zu antiken Darstellungen tritt Venus hier keusch bekleidet in Erscheinung; sie repräsentiert eine beherrschte Sinnlichkeit, wie sie für die eheliche Liebe empfohlen wurde. Ob die Wölbung ihres Bauches auf eine Schwangerschaft hindeuten soll – und somit die Nachkommenschaft als Erfüllung dieser Liebe antizipiert – oder nicht eher einem zeitgenössischen Ideal weiblicher Schönheit entspricht, kann nicht entschieden werden. Die Hoffnung auf Fruchtbarkeit ist aber in jedem Fall aufgehoben in der Blütenpracht der Wiese, den prallen Orangen und den Rosenblüten, die wohl nicht ohne Hintersinn vor dem Schoß der Flora hervorquellen. Die Ikonographie der Grazien tauchte im Florenz des späten 15. Jahrhunderts mehrfach im Zusammenhang mit Eheschließungen auf. Mal wurde die Gruppe als

Sinnbild der ehelichen Eintracht aufgefasst, mal wurden die einzelnen Grazien als Personifikationen von Keuschheit, Schönheit und Liebe gedeutet.

Mittlerweile besteht ein gewisser Konsens darüber, dass die *Primavera* als Hochzeitsbild gemalt wurde. Wenn der Anlass die Vermählung von Lorenzo di Pierfrancesco de' Medici mit Semiramide Appiani im Juli 1482 war, wird Botticelli den Auftrag unmittelbar nach seiner Rückkehr aus Rom ausgeführt haben. Die römischen Seherfahrungen gehen der Formensprache der *Primavera* sichtlich voraus. Dafür sprechen Motivzitate nach der Antike, aber auch Analogien mit Figurenstil und Bildkonzeption in Botticellis Fresken in der Sixtinischen Kapelle. Als Auftraggeber darf man Lorenzo il Magnifico vermuten, der damals noch Vormund über seinen Cousin war. Bezeichnenderweise ging das Bild in den Besitz von Giovanni di Giovanni de' Medici über, als dieser Neffe Lorenzos di Pierfrancesco 1516 heiratete: ein Indiz dafür, dass die *Primavera* weiterhin als allegorische Einführung in die eheliche Liebe verstanden wurde.

Neuerdings wurde die angedeutete Vergewaltigung der Chloris als direkte Anspielung auf das Zustandekommen der Ehe zwischen Lorenzo di Pierfrancesco und Semiramide gedeutet: Die *raptus*-Szene veranschauliche, dass sie nicht aus persönlicher Neigung, sondern aus politischem Kalkül geschlossen worden sei. Warum aber sollten diese Niederungen in einem Gemälde Bestand haben, das den Betrachter doch in allen Einzelheiten aus diesen Niederungen herausführen will? Die Ikonographie ist wohl weniger auf eine einmalige historische Situation hin entworfen als vielmehr betont offen gehalten und damit vielfältig adaptierbar. Giovanni di Giovanni konnte die *Primavera* 1516 auf seine eigene Hochzeit beziehen, gerade weil das utopische Element hier die Realitäten des Tages verdrängt. Je nachdem, ob bei der Interpretation ein philologisch-literarisches, ein philosophisch-spekulatives, ein historisch-explikatives oder ein ästhetisch-künstlerisches Interesse überwiegt, wird das Gemälde jedesmal anders betrachtet – schon deshalb, weil hier alles zum Sinnbildlichen drängt. Auf diese Weise bleibt es einem Prozess unterworfen, der nicht abgeschlossen werden kann. Wenn dies schon in Botticellis Absicht gelegen haben sollte, so wäre es nicht seine geringste Leistung.

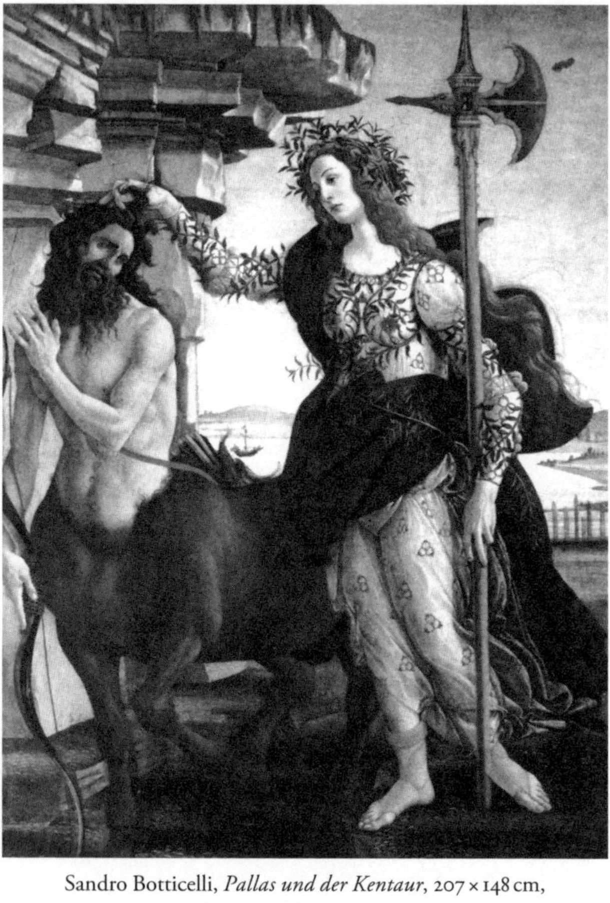

Sandro Botticelli, *Pallas und der Kentaur*, 207 × 148 cm, Florenz, Uffizien, um 1485

## Utopie mit Vorbehalt

*Pallas und der Kentaur*

Am 29. Januar 1475 fand in Florenz ein festliches Turnier statt, aus dem Giuliano de' Medici, der jüngere Bruder Lorenzos il Magnifico, als Sieger hervorging. Für die *Giostra*, die wegen des unerhörten Prachtaufwandes beträchtliches Aufsehen erregte, schuf Botticelli eine Turnierfahne, auf der eine über Amor triumphierende Pallas zu sehen war. Im Anschluss an das Turnier schrieb Agnolo Poliziano die *Stanze per la Giostra*, in denen die Liebe von »Iulio« (Giuliano de' Medici) zur »bella Simonetta« (Simonetta Cattaneo Vespucci) besungen wird. Die letzten Verse des 1478 abgebrochenen Werks handeln von einem Traum des Protagonisten, in dem ihm die Göttin der Vernunft erscheint, die ihn seine sinnliche in eine sublimierte Form der Liebe läutern heißt.

Das Verhältnis von Vernunft und Triebhaftigkeit hat auch das Gemälde *Pallas und der Kentaur* zum Thema, aber einen Triumph der Pallas zeigt es nicht. 1498 wird erwähnt, dass es sich im Palast der Medici-Nebenlinie an der Via Larga befindet, im selben Raum wie die *Primavera*. Seit langem wird angenommen, dass *Pallas und der Kentaur* von Lorenzo de' Medici für seinen jüngeren Cousin Lorenzo di Pierfrancesco de' Medici in Auftrag gegeben worden ist, der damit Adressat – und metaphorisches Subjekt – des Gemäldes gewesen wäre. Dagegen, dass das Bild zusammen mit der *Primavera* eine inhaltliche Einheit bildete, spricht jedoch schon der divergierende Malgrund, denn im Unterschied zu jenem Tafelbild ist dieses auf Leinwand gemalt; auch Figurenauffassung und malerische Handhabung klaffen auseinander. *Pallas und der Kentaur* dürfte aus den mittleren 1480er Jahren datieren, auf jeden Fall aus der Zeit nach Botticellis Romaufenthalt 1481/82.

Die lapidare, wahrhaft antikische und auch auf antike Vorbilder zurückgehende Figürlichkeit ist vor den römischen Seherfahrungen nicht vorstellbar.

Das aus Tier und Mensch gemischte Wesen befindet sich an der Seite der Göttin, die im Arm eine Hellebarde hält, aber sonst nicht weiter gerüstet ist. Die beiden Figuren füllen den Vordergrund, doch nur eine dominiert: Die mittelachsig angeordnete Pallas hat den Kentauren im Griff. Ihrem Schleiergewand ist eine zahlreich wiederholte Medici-Imprese eingewoben oder aufgestickt: die drei ineinander verschlungenen Ringe, von denen je ein Diamant nach außen zeigt. Haupt, Hals, Brüste und Arme werden umwunden von Olivenzweigen, die Mitte jeder Brust wird von einer Diamantbrosche markiert, ähnlich derjenigen, die Pallas über der Stirn trägt. Über das durchsichtige Kleid ist ein schwerer grüner Mantel geworfen, der die Scham der keuschen Göttin verdeckt. Den Schaft der Hellebarde umfasst sie nicht wie eine Wächterin, sondern hält ihn locker im Arm; die Prunkwaffe wird, ähnlich wie schon der Streitkolben in Händen der *Fortitudo*, zum Zeichen potentiell vorhandener Macht.

Marsilio Ficino schreibt in seinem Kommentar der Briefe Platons, eine stabile Herrschaft sei die Voraussetzung dafür, dass sich die Weisheit entfalten könne; Pallas sei das ideale Bild dafür: »Allein Pallas beherrscht die Künste und schwingt die Lanze, Macht mit Weisheit zu ein und demselben verbindend.« Auf dem Rücken trägt die Göttin den Gorgonenschild; wie sie den Kentauren mit der Hellebarde nicht bedroht, lässt sie ihn auch nicht durch den Anblick des Medusenhauptes zu Stein erstarren. Sie ist ihrem ungleichen, halb viehischen Gegenüber zugeneigt, beider Beziehung ist nicht auf die Formel Unterwerfung oder Unterjochung zu bringen. Dazu ist der Griff, mit dem Pallas ein Büschel seines Haupthaars ergreift, zu wenig entschieden. Trotz ihrer Gedankenverlorenheit ist die Reaktion des Kentauren, der beim Bogenschießen vor seiner Höhle unterbrochen worden ist, heftig und schmerzvoll. Seit der Antike waren diese Mischwesen Symbole für die niederen Instinkte, für ungehemmte Triebhaftigkeit, für Unordnung und Laster – also für das genaue Gegenteil von allem, wofür Pallas bürgte. Unter ihrem Schutz standen rationales Handeln und Beherrschung der Leidenschaften. Bei Botticelli tritt sie als ein Muster an Selbstkontrolle in Erscheinung.

Man hat in *Pallas und der Kentaur* alles Mögliche sehen wollen: ein machtpolitisches Manifest, eine bildgewordene Kritik an der Herrschaft Lorenzos, ein kulturpolitisches Programmbild, einen familienpolitischen Schachzug, eine Verherrlichung der höfischen Minne oder ein neuplatonisches Erbauungsbild. Sämtliche Deutungen basieren auf der Annahme, dass hier ein Antagonismus aufgebaut werden sollte, der auf eine klare Scheidung von Tugend und Laster hinausläuft. Der Augenschein spricht eher dagegen: Pallas und der Kentaur sind nämlich nicht nur einander zugeneigt, sondern durch zahlreiche formale Entsprechungen eng aufeinander bezogen, wobei Botticelli darauf achtete, die jeweilige Parallele auf Seiten der Göttin edler und gesteigert erscheinen zu lassen. Die Befangenheit des Kentauren geht auf antike Vorbilder zurück. Der nach seinem früheren Standort in Rom so genannte *Borghesische Kentaur* im Louvre, ein Werk des Hellenismus, war Ende des 15. Jahrhunderts noch nicht bekannt, aber etwas Ähnliches muss Botticelli in Rom zu Gesicht bekommen haben, denn die Analogien sind schlagend. Auf dem Rücken des Pariser *Kentauren* reitet ein Erosknabe, der den kraftstrotzenden Pferdemenschen zu einem Bild der Ohnmacht degradiert. Genau dieses Motiv hat Botticelli in seiner *Verleumdung des Apelles* verwendet: Im Architrav über dem Thron des Königs befindet sich die Darstellung eines Kentauren, der von einem reitenden Eroten gefesselt wurde und mit gesenktem Haupt von Pallas abgeführt wird. Die sinnliche Liebe gibt ihre Macht an die geistige Liebe ab – dieser ikonographische Mehrwert war Botticelli offenbar bekannt, als er *Pallas und der Kentaur* schuf. Im Wissen um die Liebesthematik darf Pallas hier auch als wehrhafte Venus verstanden werden. Sie verkörpert die siegreiche Macht der Liebe in vernunftgemäßer Anwendung. »Venus victrix« und »Minerva pacifica« sind zu einer Figur verschmolzen.

Ficino behandelt den engen Zusammenhang beider Gottheiten in seinem *Apologus de voluptate* aus den späten 1480er Jahren. Er verteidigt darin die sinnlichen Begierden (wenn man »voluptas« so übersetzen will), die sich aber nicht auf eitle und falsche Dinge richten dürften; darum hätten die Philosophen ihr Pallas vorangestellt. Bekanntlich wurde Pallas aus dem Haupt des Zeus geboren – jedoch »unter dem Namen der Venus«, wie Ficino hinzufügt. Das Reich der Begierde reiche so weit wie das Universum; besiegt würde sie aber von der »göttlichen Weisheit«. Durch sie entfliehe die Wollust schließlich in den Himmel; damit werde auch der seit Adam bestehende sündhafte Zustand des Menschen beendet. Wenn die *voluptas* erst einmal abgeführt sei, dürfe der Mensch hoffen, aus seiner Todesverfallenheit erlöst zu werden. Dann fänden Weisheit, Liebe und Begierde zu ihrer ursprünglichen Einheit zusammen. Will man den *Apologus* für das Verständnis von Botticellis Gemälde fruchtbar machen, so erscheint Pallas dort als Vernunft, die den Menschen erlösen kann von seiner ausschließlichen Hingabe an die weltlichen Dinge.

Das Antlitz des Kentauren spiegelt den Konflikt zwischen sinnlichen und geistigen Begierden, der in seinem Innern ausgetragen wird – und unlösbar bliebe, würde er nicht von der göttlichen Weisheit emporgezogen. Das gegenseitige Zugeneigtsein aber verdeutlicht, dass der allumfassende Eros der Rahmen ist, aus dem beide ihr Dasein haben. Indem der Kentaur sich, wie zerknirscht auch immer, der göttlichen Führung überlässt, wird der Kampf zwischen dem »Tier in uns, das die Sinne sind« und dem »Menschen in uns, der die Vernunft ist« – eine Unterscheidung, die einem pädagogischen Brief Ficinos an Lorenzo di Pierfrancesco de' Medici entnommen ist – zugunsten der Vernunft entschieden. Der Lebensraum des Kentauren, der diese Doppelwertigkeit wie keine andere Kreatur veranschaulicht, wird begrenzt von der Felswand hinter ihm; durch sie ist er unmittelbar als Teil der Wildnis zu erkennen, ganz im Naturzustand befangen und abgetrennt von der Kulturlandschaft des Hintergrundes.

Pallas dagegen steht frei, von Licht umflossen, vor dem Himmel als dem letzten Ziel der *voluptas*, wenn *sapientia* sich ihrer bemächtigt. Freilich kostet die Göttin ihre Überlegenheit nicht aus; ihr Gesicht ist von Melancholie überschattet. Wie es scheint, hat der Maler dem Optimismus des neuplatonischen ›Programms‹ einen philosophischen Vorbehalt untergeschoben. Das Domestizieren des Menschen, seine Erziehung zum Guten, ist die ewig gleichbleibende zivilisatorische Aufgabe. Hinter der Kultur lauert immer wieder der Rückfall in die Bestialität. Florenz, wo die Künste im Schatten des Medici-Lorbeers blühten wie nie zuvor, war auch der Schauplatz blutiger Machenschaften, denen Lorenzo 1478 beinahe zum Opfer gefallen wäre (sein Bruder Giuliano überlebte die Pazzi-Verschwörung nicht). Vielleicht sollte man in der Medici-Emblematik weniger den repräsentativen oder propagandistischen Verweis sehen als vielmehr eine Verkörperung jener Ambivalenz von Idealismus und Realpolitik, die das Handeln Lorenzos de' Medici nach 1478 in hohem Maße auszeichnete. Die Erkenntnis, dass Kunst, Literatur und Wissenschaft nicht in der Lage sind, dauerhafte Dämme gegen die Barbarei zu errichten, wird in *Pallas und der Kentaur* zu einer Mahnung, die tiefer und konkreter ist als jeder stereotype Appell zur Tugendhaftigkeit.

Die Zivilisation ist ein brüchiges Gut, und eben diese Brüchigkeit hat Botticelli dem Motiv des Zaunes hinter Pallas zugrunde gelegt. Die teilweise abgebrochenen Zacken korrespondieren mit dem spitzen Dreieck der Stoßklinge, deren Spitze den oberen Bildrand touchiert. Links daneben sehen wir eine Reihe weiterer Zacken, die aber nach unten gerichtet sind; es sind Gewächse, die in tropfsteinähnlicher Formation vom oberen Felsplateau herabhängen. Man kann darin eine Bedrohung für Pallas sehen: für ihr Reich der Kultur, das der Zaun auf prekäre Weise von der Einöde im Vordergrund abgrenzt. Kentauren sind gewalttätige Wesen; aber ist das Eingreifen in den Naturzustand, das sich im Griff der Vernunftgöttin nach den Haaren des Kentauren manifestiert, nicht selbst schon ein Akt der Gewalt? Die Anmut und Behutsamkeit dieser Geste resultiert aus dem Konflikt, dass ihr diese Tat innerlich widerstrebt, sie aber ausgeführt werden muss. Das Gorgoneion auf ihrem Rücken ist, genauso wie das Mordwerkzeug in ihrer Hand, eine Erinnerung daran, dass Schönes und Schreckliches, Liebe und Tod, Vernunft und Wahnsinn enge Nachbarn waren, sind und wohl auf ewig bleiben. Was Pallas betrübt, ist die Vergeblichkeit aller Versuche, den Menschen durch die Weisheit auf den Pfad der Vernunft zu führen.

## Die Liebe kommt zur Welt – und die Kunst zu sich

### Die *Geburt der Venus*

Die Aufmerksamkeit für die *Primavera* war ungleich höher als für die zweite große Mythologie im Botticelli-Saal der Uffizien, die *Geburt der Venus* – einerseits. Andererseits haben sich die Werbung und der Andenkenkitsch zumindest des Mittelmotivs dieses Bildes viel häufiger bemächtigt. In Florenz kommt einem die Venus in abenteuerlichen Kombinationen unter, beispielsweise als Übersetzung in eine Gipsfigur, die sich an eine Nachbildung von Michelangelos *David* schmiegt. Das wirkt kurios und entbehrt doch nicht einer gewissen Logik. Schließlich sind in genau diesen beiden Gestalten Beginn und Neubeginn des idealen Figurenstils in der italienischen Kunst aufgehoben.

Um den ursprünglichen Bestimmungsort des Bildes, seinen Auftraggeber und den Anlass seiner Anfertigung legt sich undurchdringliches Dunkel; kein Inventar führt das Bild auf, keine Beschreibung des 15. oder frühen 16.

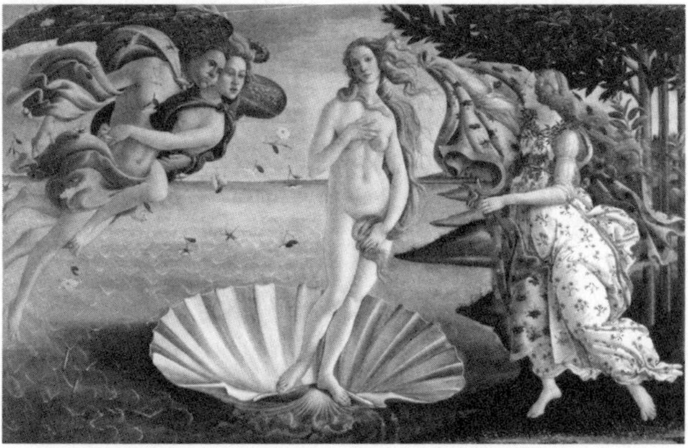

Sandro Botticelli, *Geburt der Venus*, 184,5 × 285,5 cm, Florenz, Uffizien, um 1487/88

Jahrhunderts gibt irgendeinen Hinweis. Vasari war der Erste, der das Bild überhaupt erwähnt; er sah es, wie die *Primavera*, in der Medici-Villa bei Castello. Als Pendants sind die beiden großen Mythologien jedoch nicht gemalt worden; der Bildträger ist hier die modernere Leinwand, dort das traditionellere Holz. Einen Hinweis auf eine mediceische Herkunft gibt immerhin die Ikonographie: Die drei Orangenbäume rechts im Bild lassen sich der Emblematik des Florentiner Geschlechts einordnen; freilich gehörten Orangenbäume auch zu den Attributen der Liebesgöttin.

Die Reduktion im Detail, die Neigung zur Abstraktion, die Verflächigung und Linearisierung der Bildorganisation sind stilistische Anhaltspunkte, die eine Entstehung vor der Mitte der 1480er Jahre ausschließen. Nur um 1487/88, als die *Madonna della Melagrana* und die *Pala di San Barnaba* entstanden, finden wir in den Frauengesichtern Botticellis die charakteristischen Merkmale der Venus wieder: den auffallend gelängten Hals, von dem das Haupt in einem stumpfen Winkel abknickt, die ausgeprägten Konturen, die melancholische Note im Blick. Plausiblerweise wurde auch die *Geburt der Venus* in diesen Jahren gemalt.

Durch die Anordnung der Venus rechts von der Mittelachse, auch durch die nach rechts gebogene Kurve ihres Leibes, wird der Richtungszug unterstützt, der das Dargestellte als Handlung wahrnehmen lässt. Von links fliegt ein Paar geflügelter Windgötter heran; ihr Atem sorgt für die Bewegung der riesigen Muschel, auf der Venus über die kleinen Wellen fährt, die sich ebenfalls von links heranbewegen. Dem schwankenden Untergrund entspricht der labile Stand der Göttin, die in den Richtungszug nur bedingt einbezogen ist. Zwar wird ihr Haar nach rechts geweht, aber das frontale Stehen und der Blick ins Leere isolieren sie innerhalb des Geschehens nach beiden Seiten hin. Botticelli gibt die Aktfigur nicht lebensnah oder gar blutvoll; das Inkarnat der jungen Frau lässt an weißen Marmor denken, die Gelenke verschwinden unter der Weichheit des Formenflusses. Die Brüste sind klein, Beine und Unterleib sehr lang gebildet – das Aussehen der Göttin entsprach einem international verbreiteten Frauenideal. Außerordentlich lang ist ihr blondes Haar, das auf Hüfthöhe vor den Unterleib geführt ist, wo es die Scham verhüllt.

Auf der Landseite eilt von rechts eine junge Frau herbei. Ihr helles Kleid ist mit Kornblumen bestickt, ihr Hals von Olivenzweigen umkränzt. Den ausgebreiteten Mantel will sie Venus offenbar im Moment ihrer Ankunft umlegen. Noch ist Venus jedoch völlig nackt, kontrastierend zum Bekleidetsein der jungen Frau. Nacktheit wird hier nicht als Mangel, sondern als Privileg zu Bewusstsein gebracht: als göttliche Nacktheit. Die rechte Figur scheint der Flora aus der *Primavera* zu ähneln, doch handelt es sich wohl um eine Hore, die als Helferinnen der Blumengöttin Chloris für den geregelten Jahresablauf Sorge trugen. Das Buschwindröschen, lateinisch *anemona*, zu ihren Füßen lässt noch eine andere Identifizierung zu: Anemona war der Name einer Nymphe am Hof der Chloris. Als sich ihr Gatte Zephyr in Anemona verliebte, wurde sie von der eifersüchtigen Göttin in die gleichnamige Blume verwandelt. So könnte der geflügelte Mann links der Gott des westlichen Frühlingswindes sein, der entweder Chloris oder Anemona im Arm trägt. Auch Aura wurde vorgeschlagen, in der Kunst des Altertums die Verkörperung einer milden Brise. Im Griechischen bedeutet »aura« ›Lufthauch‹, im Lateinischen ›Schimmer‹. Ein Hauch entfährt dem Mund des Mädchens, ein goldener Schimmer überzieht die Flügel, den Rand der Muschel, die Haare der Venus, das Gras am Ufer und die Blätter der Bäume. Als weitere Kandidatin für das Mädchen im Arm des Windgottes kommt Iris in Frage, die in der griechischen Mythologie den Beinamen »Goldgeflügelte« trägt; mit Zephyr soll sie einen Sohn gezeugt haben, den Eros. Die erotische Konnotation des linken Paares könnte auf letztere Überlieferung hindeuten. Aus der

Antike sind Darstellungen bekannt, in denen Zephyr und Iris den Wagen der Aphrodite über das Meer ziehen.

Die genaue Identität der göttlichen Wesen steht zurück hinter ihrer Zugehörigkeit zu einem einheitlichen Begriffsfeld, das in der sich erneuernden Natur seinen Gravitationspunkt hat. Eigentlich hat Botticelli nicht die Geburt der Venus dargestellt, sondern ein Geschehen kurz danach, die Landung der Göttin an der Küste Zyperns. Sie wird in den sogenannten *Homerischen Hymnen* und in der *Theogonie* Hesiods erzählt – ebenso wie die grausame Vorgeschichte: Kronos, der seinen Vater Uranos entmannt hatte, warf dessen Genitalien ins Meer, wo sich der Samen mit dem Wasser vermischte, das ringsum aufschäumte und die Aphrodite gebar. Geleitet von Zephyr, ging sie an Land. Dort wurde sie von den Horen geschmückt, bevor sie den anderen Göttern vorgestellt wurde. Während ihrer Geburt, berichtet Hesiod, wuchs der erste Rosenstrauch; Botticelli lässt zwischen Venus und den Windgöttern Rosenblüten über das Meer wehen. In Polizians *Stanze per la Giostra* von 1474–1478 wurde der antike Mythos neu adaptiert. Die Geburtsgeschichte beginnt damit, dass »il frusto genitale«, das nutzlos gewordene Geschlecht des Uranos, im Ägäischen Meer treibt. Im weißen Schaum, der es einhüllt, erblickt man die Göttin – beschrieben als eine »donzella« (Mädchen), deren Gesicht über das menschliche Maß an Schönheit hinausgeht – auf einer Muschel, die von den »lüsternen Zephyrn« angetrieben wird. Als sie ihren Fuß auf den Strand setzt, bringt sie die Pflanzenwelt hervor, dann wird sie von den Nymphen begrüßt und bekleidet.

Eine vergleichbare Interpretation des antiken Mythos hatte es in der nachantiken Malerei bis zu diesem Bild nicht gegeben. Einerseits nimmt Botticelli Maß an Kunstbeschreibungen, die das Aussehen eines der berühmtesten Werke der Antike überliefern: der *Geburt der Venus* von Apelles, dem Hofmaler Alexanders des Großen. Andererseits schließt er sich nicht dem aus der Antike überlieferten

Darstellungstyp der *Venus Anadyomene* an, bei dem die Göttin ihr Haar auswringt. Vielmehr fasst er den von Polizian beschriebenen Doppelgestus – das Drücken des Haars und das Verbergen der Scham – mit der linken Hand zusammen, die in der *stanza* allein den »süßen Apfel« der Göttin bedeckt. Die rechte Hand legt Botticelli der Venus auf die Brust. Die Pose ist dem antiken Typus der schamhaften Venus angenähert, wahrscheinlich nach einer heute verlorenen Statue, von deren Existenz wir schon im 14. Jahrhundert hören. Der Gestus der *Venus pudica* war auch aus Darstellungen der Verkündigung an Maria vertraut, verknüpft mit Ergriffenheit, Verwunderung, Erstaunen. In Botticellis Gemälde scheint sich die gerade zum Leben erwachte Göttin zu fragen, was hier mit ihr geschehe. Die marmorblasse Venus ist von statuarischem Aussehen, was zumindest teilweise ihre Idealität begründet.

Venus hat die Erde noch nicht betreten, noch ist die Liebe unbefleckt von allem Irdischen. Hinter ihr breitet sich die See als lichte Fläche aus, Räumlichkeit ist auf ein Minimum zurückgedrängt. Botticelli entrealisiert die Elemente, indem er die plastische Wiedergabe durch kalligraphische Schwünge ersetzt. Die natürlichen Erscheinungen sind reduziert auf das am wenigsten materielle Zeichen, die Linie. Mit dieser abstrahierenden Annäherung an die körperlose Welt der Ideen entwirft Botticelli eine ideale Schönheit. Wie Raffael eine Generation später im *Triumph der Galathea* in der römischen Villa Farnesina entbreitet Botticelli eine leere Folie, vor der sich das Figurenrelief abhebt. Prominenz und Entrückung der Figuren halten sich in beiden Gemälden die Waage. Leider hat sich Botticellis eigene *Galathea*, die im Nachlassinventar Lorenzos il Magnifico erwähnt ist, nicht erhalten.

Was die *Geburt der Venus* vor den wenigen anderen Mythologien jener Zeit, etwa Pollaiuolos *Taten des Herkules* (Florenz, Uffizien), auszeichnet, ist die Erfindung eines eigenen Bildausdrucks für das mythologische Thema. Das novellistische, nacherzählende Moment spielt dabei eine untergeordnete Rolle. Ein mythologisches Gemälde ist von nun an immer auch schon allegorische Weltdeutung. Die Windgötter und die Hore ordnen sich wie eine figürliche Mandorla um die Göttin. Die zugleich bergende und heraushebende Funktion dieser Konfiguration verleiht dem profanen Bild eine ungewohnte Weihe. Eine typologische Ähnlichkeit besteht mit dem figürlichen Arrangement in zeitgenössischen Darstellungen der *Taufe Christi*; das Hineinwirken der christlichen Ikonographie betont den geistigen Charakter des Vorgangs.

Aber handelt es sich hier überhaupt um einen Vorgang? Oder gerinnt die antike Erzählung nicht eher zum antikisierenden Symbol? Durch die Gleichzeitigkeit von friesartiger und zentralisierender Komposition wird ein narrativer Fluss zugleich erzeugt und angehalten. Auf diese Weise kann auch das mythologische Bild zur Bild-Erscheinung werden – eine Qualität, die bis dahin allein dem christlichen Kultbild vorbehalten war. Hätte Botticelli nur eine Nacherzählung von Venus' Landung im Sinn gehabt, müssten die Figuren interagieren; ein Historiengemälde lebt im Normalfall von einem Mindestmaß an handlungsmäßigen Verknüpfungen. Hier aber wendet sich Venus nicht etwa der sie am Ufer erwartenden Hore zu, sondern bleibt frontal dem Betrachter zu- und ihrer Destination abgekehrt. Der Vorgang wird in der *Geburt der Venus* unversehens durch die Allegorie ersetzt – mitsamt ihrer Ambivalenz, die im Gesicht der Venus gipfelt.

Botticellis künstlerische Maßnahmen – die Betonung der Linie, die Geometrisierung der Natur, die verklärende Wirkung des Goldes, die unstimmige Perspektive – laufen hier auf eine Geringschätzung illusionistischer Naturnachahmung hinaus. Mit dem Abstraktionsprozess, der von den sinnlichen Formen weg- und zu den körperlosen Ideen hinführt, wird eine ideale Schönheit entworfen. Nach neuplatonischer Vorstellung ist der ganze Kosmos durchlichtet vom göttlichen Liebesstrahl, der »Gemälde« (»picture«) verschiedener Reinheit sichtbar werden lasse. Die *Geburt der Venus* spiegelt nicht die irdische Natur, sondern eine reinere, geistige Welt. Die Nachahmung der »idea« – und nicht die noch so perfekte Nachahmung der geschaffenen Natur – wird zur absoluten Norm der Schönheit. Genau dafür, dass Botticelli die phänomenale Welt vernachlässigte, ist er von keinem Geringeren als Leonardo getadelt worden. Für Alberti war Schönheit in der Kunst dann erreicht, wenn das fertige Werk gleichsam »nach Natur riecht«. Auf dieser Linie lag auch Leonardo, dessen Gegenstände immer den Charakter des Erschauten, Zufälligen, erschreckend Natürlichen tragen – auch dann, wenn er mythologische Sujets bearbeitete. Über seine Zeichnung eines *Neptun* berichtet Vasari, sie habe »ganz und gar echt« gewirkt.

Die Gefahr einer Verwechslung mit dem Naturwirklichen besteht bei Botticelli nicht. Sein Gemälde erscheint artifizieller als alles, was die Zeitgenossen bis dahin von der Malerei des 15. Jahrhunderts gewohnt waren. In der *Geburt der Venus* wird das Kunstschöne zur Manifestation des göttlich Schönen; die Betrachtung dieses Bildes führt zu ästhetisch fundierter Erkenntnis als Äquivalent einer Gottesschau *sui generis*. Botticelli war daran gelegen, das Kunstwerk zur sinnlich erfahrbaren Repräsentation des Intelligiblen werden zu lassen (und damit zum ›Bild‹ in einem viel umfassenderen Sinne, als es empirische Stimmigkeit jemals vermöchte). Hier strebt ein Künstler nach dem Kunstschönen als höchstem Ziel, vielleicht zum ersten Mal in der nachantiken Kunst mit dieser Bewusstheit. Die künstlerische Imagination beginnt, über die scheinbare Faktizität der äußeren Welt zu überwiegen. Damit geht Botticelli den entscheidenden Schritt vom Künstlerischen zur Kunst: von der Betätigung innerhalb einer Kultur zu einem selbstbestimmten Reich, das im 16. Jahrhundert zu einem wesentlichen Faktor, ja zu einem Träger der Kultur werden sollte.

Die *Geburt der Venus* ist damit eines der ersten Gemälde, in denen die Loyalität gegenüber einer ›höheren‹ Wirklichkeit die Selbstermächtigung der Kunst begründete. Diese epochale Stellung wiegt schwerer als wechselnde kunsthistorische Deutungen. In den 1940er, 50er und 60er Jahren überwogen Versuche, das Bild als Rekonstruktion neuplatonischer ›Programme‹ zu deuten, was jedoch auf eine allzu abstrakte, esoterische Sinngebung hinauslief, so dass zu Recht gefragt wurde, wer eine solche Sinngebung noch hätte verstehen können. Wohl als Reaktion auf die hochgeschraubten Gedankengänge der älteren Ikonologie folgten solche Interpretationen, die vom mutmaßlichen ›Sitz im Leben‹ ausgingen. Sollte eine Geburt – etwa die von Maria Margherita de' Medici 1484 – der Anlass zu dem Bild gewesen sein, so ergäbe das Bildpersonal ein Sinnbild menschlicher Fortpflanzung. Der Auslöser könnte auch eine neugeschlossene Ehe gewesen sein, vielleicht zwischen Piero de' Medici und Alfonsina Orsini, die 1488 heirateten. Die Fruchtstände des Schilfrohrs, das von unten in das Bild hineinragt, würden dann die Hoffnung auf Fortpflanzung symbolisieren. Stengel und Rohrkolben sind leicht nach rechts gebogen vom Wind, der sie aufplatzen lassen und die Samen weit über das Land verteilen wird. Zugleich webt dieses unscheinbare, aber unübersehbare Detail am Gesamtaufbau des Bildes mit: Es leitet den sphärischen Schwung ein, der über das geflügelte Paar zum Haupt der Venus und von dort über die Hore wieder nach unten führt. Die gesamte Komposition wird auf diese Weise von einer großen Bogenform verstrebt, die dem oberen Saum der Muschel angeglichen ist.

Obwohl Liebe und Fruchtbarkeit gefeiert werden, lässt das halbverschattete Gesicht der Venus auch eine ›abgründige‹ Seite erahnen, die Botticelli dem Sujet abgewonnen hat. Das Kommen der Liebe war nicht ohne die Grausamkeit des vorhergehenden Kastrationsaktes möglich, und zusammen mit der Liebe entsteht auch die Begierde, die auf

Erden schon immer das meiste Elend verursacht hat. Das Janusgesicht der *voluptas* hatte Botticelli schon in *Minerva und der Kentaur* thematisiert; hier begründet es die Haltung der Hände vor jenen Körperteilen, die das sexuelle Begehren – stellvertretend für die *voluptas* als Weltprinzip – erregen. Im nächsten Moment wird ihr der Mantel umgelegt werden, und sie wird wirklich zur *Venus pudica*: Keuschheit als Option, um aus der heillosen Verkettung von Schönheit, Liebe, Grausamkeit und Tod auszubrechen.

In Botticellis Gemälde repräsentiert Venus die gesamte Menschheit, ihre beständige Erneuerung wie ihre beständige Zerstörung, die beide unter dem Antrieb der *voluptas* geschehen. Mit der ›Versteinerung‹ des Fleisches und der Verhüllung der Reize bietet er aber auch den Versuch an, diesem *circulus vitiosus* zu entrinnen. Nur kommt der Widerspruch zur Allherrschaft des Begehrens – zum »imperium voluptati«, wie Ficino sagt – dem Menschen nicht von außen zu, sondern muss aus seinem Inneren hervorgehen. Darum ist Venus so isoliert, darum so nachdenklich. Der Mantel der Jungfräulichkeit ist ein Königsmantel; ohne Melancholie kann sie ihn trotzdem nicht empfangen. Erneut meldet Botticelli seinen ›philosophischen Zweifel‹ daran an, dass der Mensch von sich aus zur erlösenden Tugend gelangen könne.

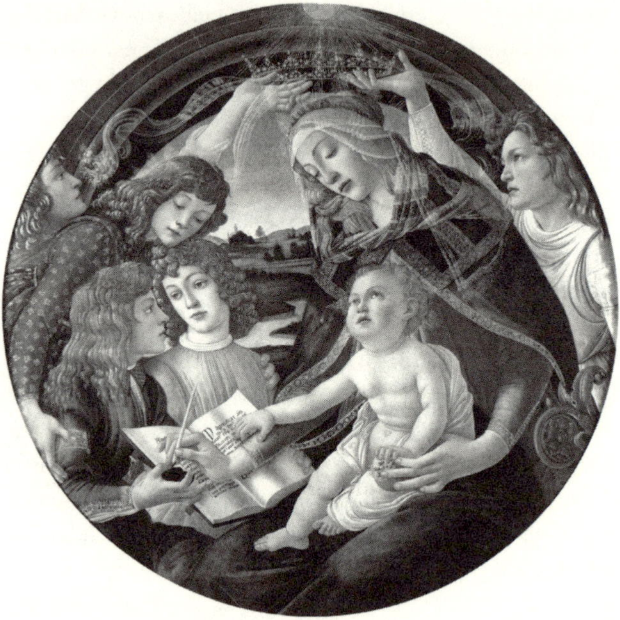

Sandro Botticelli, *Madonna del Magnificat*, Ø 118 cm,
Florenz, Uffizien, um 1482/83

## Der Blick wird sphärisch

Die *Madonna del Magnificat* und die *Madonna della Melagrana*

Botticellis Marienbilder im Rundformat, die den Ruhm des Malers im 19. Jahrhundert zu einem nicht geringen Teil mitbegründet haben, sind funktional nicht eindeutig zuzuordnen. Solche Tondogemälde gehörten zur Ausstattung der Florentiner Paläste, aber auch öffentlicher Gebäude – eine Verwendung in profanen Umgebungen, bei der die Absicht des Erfreuens den Aspekt der Verehrung zuweilen sehr wohl überwogen haben dürfte. Einen ungewohnten Ernst verbreitet die gegen 1482/83 entstandene *Madonna del Magnificat*. Hier entwickelt Botticelli das Thema primär vom Format aus, um ein Bild von sphärischer Harmonie zu erzeugen, was sowohl im ikonographischen Sinne als auch für die formale Bewältigung der Kreisfläche gilt.

Die Gottesmutter befindet sich in Gesellschaft von Engeln, die ihr ein Buch entgegenhalten. Auf die rechte Seite hat sie gerade den Beginn des *Magnificat* geschrieben, das Maria nach der Verkündigung angestimmt haben soll; auf der linken Seite steht, in derselben humanistischen Minuskel, das *Benedictus*, der Lobgesang des Zacharias nach der Beschneidung seines Sohnes, Johannes des Täufers. Das Kind greift nach ihrem rechten Unterarm, und Maria hält beim Schreiben inne. Ihr Niederschauen und das Aufblicken des Kindes bilden eine Achse, die in der Verlängerung nach oben in dem Goldkreis, nach unten im Granatapfel endet, einem Symbol für Tod und Auferstehung. Indem zwischen dem verborgenen Angesicht des Vaters, auf das die abstrakte Goldscheibe hindeutet, und dem Antlitz des Sohnes das Gesicht Mariens erscheint, wird ihr Status als Mittlerin besonders geistvoll betont. Wegen dieser Eigenschaft wird sie von den Engeln zur Himmelskönigin gekrönt. Der leicht hervortretende Mittelfinger des Kindes zeigt auf das Wort »humilitatem«, seine Augen aber schauen in der Höhe, wie die göttlichen Strahlen durch die Krone einfallen. Mit dieser Doppelausrichtung lässt Botticelli den Sohn aufzeigen, warum Maria demütige Magd des Herrn und verherrlichte Himmelskönigin in einer Person ist.

Die übernatürliche Schönheit sowohl Mariens als auch der Engel verstärkt die Tendenz, dass sich die Bildwelt zum Betrachter abschließt. Mit der fiktiven Konvexität der Bildoberfläche wird der Effekt von Rundspiegeln erzeugt, die im späten 15. Jahrhundert noch durchweg nach vorn ausgewölbt waren. Botticelli könnte die Vielseitigkeit der Spiegelmetapher genutzt haben, die häufig auf die Gottesmutter Maria bezogen wurde. Zugleich war sie im Florentiner Neuplatonismus anzutreffen, unter beständigem Rückgriff auf das Pauluswort, wonach die Menschen »jetzt nur in einen Spiegel rätselhaft« schauen, »dann aber von Angesicht zu Angesicht« (1 Korinther 13,12). Botticelli hält dem Betrachter ein Spiegelbild der unsichtbaren Welt vor, die zugleich die ›wahre‹ Welt ist.

Die Archivolte geht vermutlich auf die Marienmetapher des »Fensters zum Himmel« zurück. Hinter dem Bogen erscheint aber nicht der Himmel, sondern eine Flusslandschaft, deren Tiefenerstreckung und Ferne in merklichem Gegensatz zu den vordrängenden Figuren stehen. Durch das Fenster blickt man auf die Schöpfung, die durch die Menschwerdung erlöst wurde. Die Abgrenzung von Figuren und Landschaft hat Botticelli mit einem Vexierspiel kenntlich gemacht: Die korrekte Betrachtung von Vorder- und Hintergrund erfordert einen jeweils anderen Drehwinkel des Rundbildes. Sollen sich Maria und die Engel in stabiler Position befinden, kippt der Horizont zur Seite. Die höhere Realität der heiligen Personen wird dadurch demonstriert, dass zwei inkompatible Ansichten miteinander konkurrieren: zwei Hängungen, zwei Welten.

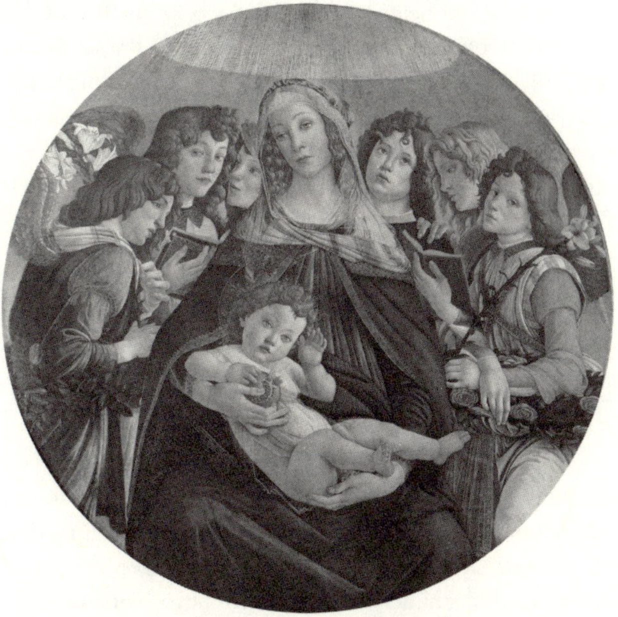

Sandro Botticelli, *Madonna della Melagrana*, Ø 143 cm,
Florenz, Uffizien, 1487

Die *Madonna della Melagrana* ist der Tondo mit dem größten Durchmesser im Œuvre Botticellis und eines der größten in Florenz entstandenen Rundbilder überhaupt. Im Vergleich mit der *Madonna del Magnificat* ist es von schlichterem Aufbau. Sowohl die leichtere Zugänglichkeit als auch die Maße des Gemäldes dürften auf seinen Bestimmungsort zugeschnitten sein, allem Anschein nach einem kommunalen Verwaltungsgebäude: 1487 hat Botticelli im Auftrag des *Magistrato de' Massai di Camera*, einer städtischen Behörde also, einen Tondo für die Empfangshalle des Palazzo del Podestà gemalt. Da der original erhaltene Rahmen der *Madonna della Melagrana* einen Fries aus florentinischen Linien enthält, besteht an der Identität wenig Zweifel, zumal die Datierung dem stilistischen Befund entspricht.

Dass sich die beiden *Massai di Camera* ein Rundbild von diesen Dimensionen und damit dieses Preises leisteten – allein der Maler erhielt 35 *lire* –, spricht für die hohe Akzeptanz des Tondoformates auch außerhalb des häuslichen Bereichs, war doch ein Gemälde in der Audienzhalle ein Kunstwerk von entschieden öffentlichem Charakter. Die Auftraggeber kamen offenbar dem besonderen Bedürfnis nach, die Juristen in diesem Raum dem Schutz der Gottesmutter zu empfehlen: Das Gemälde demonstriert das Bewusstsein, dass ihre Arbeit unter den Blicken einer überirdischen, unbestechlichen Kontrollinstanz vor sich geht. Die Madonna mit Engeln, als Bildtyp vor allem in privaten Räumen verbreitet, wird in die öffentliche Sphäre gehoben, und sofort wandelt sich ihr Erscheinungsbild zu einer Feierlichkeit und Majestät, wie man sie sonst nur von Altarretabeln kennt. Dafür sorgt nicht zuletzt die Einfügung der Glorie, wie sie eigentlich nur in Darstellungen der Marienkrönung oder anderer ›himmlischer‹ Sujets vorkam, aber auch eine gewisse hieratische Strenge, die aus der frontalen Ansicht Mariens sowie ihrer Platzierung auf der Mittelachse resultiert. Die groß angelegten Figuren – trotz delikater Details überwiegt der Hang zur Synthese – folgten aus der gestellten Aufgabe: Der Tondo musste aus einer gewissen Distanz wirken.

Mit zwei Fingern ihrer linken Hand berührt die Jungfrau zärtlich das Kind, mit den übrigen Fingern hält sie auf graziöse Weise einen aufgebrochenen Granatapfel: jene *melagrana*, der das Gemälde seine heutige Bezeichnung verdankt. Die Gruppierung der Engel erfolgt nach hinten ansteigend, was auf eine Hängung in einiger Höhe schließen lässt. Die Typen sind variierter und natürlicher als in der *Madonna del Magnificat*, das zuständliche Schweigen der Engel dort ist einer geräuschvolleren, in gewissem Sinne auch volkstümlicheren Kulisse gewichen. Auch hier erzeugt Botticelli den Eindruck einer fiktiven Krümmung der Bildfläche, die sich diesmal von den Rändern nach innen zu wölben scheint. Der ›Muscheleffekt‹ birgt möglicherweise ikonographische Konnotationen. Konkav ist jedoch nur die Höhlung der Engelsformation, während die Madonnenfigur dazu einen konvexen Widerpart bildet. Infolgedessen wird der Jungfrau mehr Gewicht beigemessen, das Kind aber dem Betrachter ganz besonders nahe gebracht.

Wie in der *Madonna del Magnificat* ist hier alles aus dem Rund heraus komponiert, der figürlichen Darstellung ist eine ähnlich ausgeklügelte Bildgeometrie unterlegt. Doch anders als dort wird hier der Betrachter mit einbezogen. Die Engel nehmen ihn gewissermaßen in ihren Kreis auf; gleich mehrere Figuren, darunter die Jungfrau selbst, blicken aus dem Bild heraus, wobei entgegen dem ersten Augenschein keine von ihnen den Betrachter direkt fixiert. Dadurch werden größere Teile des realen Raumes mit der Realität des Bildes verbunden. Die *Madonna della Melagrana* richtet sich an jeden Besucher der Audienzhalle; das Bild unterliegt einer kollektiven Programmatik.

Die Lagerung des Kindes ist betont instabil; obwohl sie es hält, scheint es seiner Mutter dauernd zu entgleiten. Darum blickt hier nicht die stolze Mutter aus dem Bild heraus, sondern die Gottesgebärerin, die um die wahre Heimat ihres Sohnes weiß, in sich hinein. Die *Domina angelorum*, die Herrin der Engel, tritt zugleich als *Mater dolorosa*, schmerzensreiche Mutter, in Erscheinung. Eine Erklärung für diese Gleichzeitigkeit des Ungleichzeitigen liefert das Rosen-Motiv. Der Feston bildet eine Art von Brüstung zwischen den Engeln und der Madonna. Wenn der Betrachter zur Schließung des Engelskreises aufgefordert wird, so bedeutet dies zugleich auch eine imaginäre Fortsetzung der Rosenkette, die sich in der Vorstellung somit zu einem Rosenkranz weitet. Der Schriftzug »Ave Grazia Plena« auf der Stola des linken Engels lenkt auf das Rosenkranzgebet hin, das in Florenz seit den frühen 1470er Jahren enorm an Bedeutung gewonnen hatte. Auf die Begrüßung der Jungfrau durch den Erzengel Gabriel verweisen auch die Lilien in den Händen der vorderen Engel zurück. Weitere Bildelemente lassen den Schluss zu, dass der gesamte erste Teil des Rosenkranzes in die Darstellung eingegangen ist, während der zweite Teil, in dem die Jungfrau um Fürbitte angerufen wird, gedanklich ergänzt werden muss. Möglicherweise wurde der Tondo an seinem ursprünglichen Ort nicht selten auf diese Weise ›gegrüßt‹.

## Eine Treppe zur Transzendenz – und wieder zurück

Die *Pala Bardi*

Wie es scheint, hat Botticelli nach der um 1475 entstandenen *Anbetung der Könige* in Santa Maria Novella rund zehn Jahre lang kein einziges Altarbild mehr gemalt. Im darauffolgenden Jahrzehnt entstand hingegen eine dichte Folge aufwendiger Retabel, die jedes für sich einen Gipfelpunkt seiner religiösen Bildproduktion bezeichnen. In der Zwischenzeit hatte Botticelli einen neuen Zugang zu dieser Bildaufgabe gefunden. Wohl erst jetzt verfügte er über

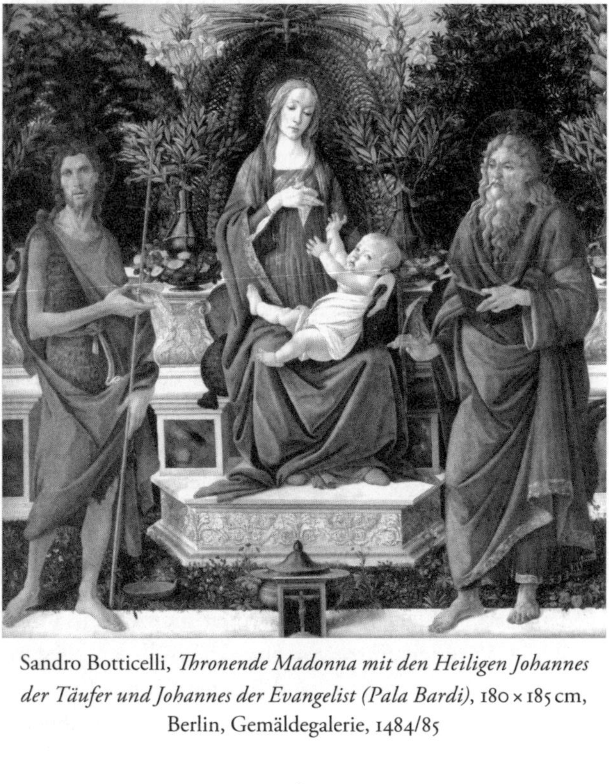

Sandro Botticelli, *Thronende Madonna mit den Heiligen Johannes der Täufer und Johannes der Evangelist (Pala Bardi)*, 180 × 185 cm, Berlin, Gemäldegalerie, 1484/85

die künstlerischen Mittel, um die zentralen Gedanken von Menschwerdung und Transsubstantiation, die auch schon in das frühere Bild eingegangen waren, wirksam in die Öffentlichkeit zu tragen und eine wechselseitige Beziehung zwischen Altarhandlung und Altarretabel herzustellen. Botticellis paraliturgische Bildsprache ist ganz auf ihre kultische Aufgabe bezogen und erlangt daraus ihre spezifische künstlerische Qualität und ästhetische Wertigkeit.

1484/85 schuf Botticelli die *Pala Bardi* für Santo Spirito in Florenz. Die Kirche der Augustiner-Eremiten erhielt im späten 15. Jahrhundert aufgrund besonderer Umstände eine systematische Altarausstattung. Die alte Kirche war 1471 ausgebrannt, die Familien mit Patronatsrechten mussten folglich jeweils komplette Neuausstattungen ihrer Kapellen in Auftrag geben. Für Botticellis Altarbild bedeutete dies, dass es als Teil eines neuartigen Altarensembles konzipiert wurde. Er zog aus dieser Vorgabe den Schluss, dass sich sein Bild in die Reihe der Seitenaltäre einzufügen hatte und zugleich die übrigen Retabel übertreffen sollte. Die Kapelle, die Giovanni Agnolo de' Bardi 1483 von den Vorbesitzern erworben hatte, befand sich im Chorarm der Kirche; wer vom Kirchenschiff aus zum Hochaltar in der Vierung blickte, hatte das Retabel auf der Evangelienseite mit im Visier. Die Ikonographie folgt einerseits, wie bei sämtlichen Altären in Santo Spirito, dem Typus der *Sacra conversazione*. Andererseits bezieht sich das Bildpersonal auf den Stifter: Die in der Mitte thronende Jungfrau wird flankiert von Johannes dem Täufer, dem Florentiner Stadtpatron, auf der linken und Johannes der Evangelist, dem Namensheiligen Giovannis de' Bardi, auf der rechten Seite.

Die mannigfaltige Vegetation hinter den Heiligen ist mit einer bis zum Äußersten getriebenen Detailgenauigkeit wiedergegeben. Der an Manieriertheit grenzenden Virtuosität des Vortrags entspricht eine Überfülle an allegorischen Verweisen; zusätzlich sind Banderolen mit Passagen aus dem biblischen Buch Jesus Sirach und dem Hohelied eingeflochten. Die minuziöse Technik und der Motivreichtum erstrecken sich auch auf die Ornamentik der Bildarchitektur. Die Oberfläche hat einen ungewöhnlichen Glanz, der sich einer großzügigen Verwendung von ölhaltiger Tempera verdanken dürfte.

Die beiden Johannes stehen auf der vorderen Stufe, die einst nahtlos in den leider verlorenen Rahmen überging, für den Giuliano da Sangallo 1485 bezahlt wurde. Dadurch stehen sie gleichsam *vor* dem Bild, obwohl sie selbstverständlich der Bildrealität angehören, also *im* Bild sind. Hinter ihrer leiblichen Erscheinung befinden sich die Attribute der Heiligen, der Adler des Evangelisten sowie die Schale, die im Gras abgelegt ist, wo auch der Kreuzstab des Täufers aufsetzt. In Erfüllung ihrer Rolle als Vermittler befinden sie sich genau auf der Schwelle zwischen der irdischen Welt und der himmlischen Sphäre, in der die Madonna thront. Zusammen mit dem Rahmen, den man sich wohl als mehrfach zurückgestufte Leiste vorzustellen hat, ergab sich aus dieser imaginären Fortsetzung der vorderen Stufe der Eindruck einer Treppe, die aus dem Bild hinaus- und ins Bild hineinführte.

Der Täufer verkündet, was auf der Banderole geschrieben steht, die knapp über seiner weisenden Hand vom Kreuzstab zum Kind hinüberflattert: »Ecce agnus Dei qui tollis peccata mundi«: Siehe, das Lamm Gottes, das hinwegnimmt die Sünden der Welt. Dies sind fast genau die Worte, die Johannes ausruft, als Jesus sich ihm am Jordan nähert – aber eben nur fast: Die Erzählform »tollit« des Evangeliums wurde durch die Dialogform »tollis« ersetzt. Damit wurde das Schriftband dem liturgischen Wortlaut angeglichen: »Ecce agnus Dei qui tollis peccata mundi« heißt es im römischen Messkanon unmittelbar vor der Kommunion. Jeder halbwegs mit den Lesungen des Kirchenjahres vertraute Florentiner kannte auch die unmittelbare Fortsetzung des Textes. Dort nämlich sagt der Täufer über Jesus, das Lamm Gottes: »Dieser ist es, von dem ich gesagt habe: Nach mir kommt einer, der mir voraus ist, weil er vor mir war.« Auf ihn, den neugeborenen Messias, weist der Täufer hin.

Der Evangelist schreibt aus der Rückschau, als Berichterstatter und Deuter der Inkarnation des Wortes, das im Anfang war, wie es am Beginn des Johannesevangeliums heißt. In diesem Prolog wird der Gedanke der Fleischwerdung mit dem Auftreten des Täufers in unmittelbaren Zusammenhang gesetzt. Beide, der Prophet und der Apologet, beziehen sich hier auf den zeitlosen *logos*, der in der Person Christi in die Zeit eingetreten ist. Anscheinend wollte Botticelli dem Übergang vom Wort zum Fleisch durch das Spruchband besonders anschaulich Gestalt verleihen. Zwischen dem Vorher und Nachher aber liegt das, was der Apostel Paulus die »Fülle der Zeit« genannt hat. Durch seine Position zwischen den beiden Johannes ist die Mitte, die das Kind innerhalb der Komposition einnimmt, in höchstem Maße bedeutungsvoll. Denken wir uns die *Pala Bardi* über der Altarmensa, so dürfte die erhobene Hostie während der Wandlung in etwa mit der Figur des Christusknaben zur Deckung gekommen sein. Das leuchtende Weiß seines Gewandes dürfte die Analogie noch verstärkt haben. Damit ist dem christlichen Paradox Ausdruck verliehen: Einerseits ist der Menschensohn selbst zu einem bereits vergangenen Teil der Geschichte geworden; andererseits wird er in der Eucharistie jedesmal von neuem gegenwärtig.

Am unteren Bildrand befindet sich ein ›Bild im Bild‹ mit einer Darstellung des Gekreuzigten. Das Täfelchen misst kaum 15 mal 20 Zentimeter und ist für sich gerahmt. In geradezu hyperrealistischer Malweise in das Bild eingefügt, scheint es sich noch vor der Stufe zu befinden, auf der die beiden Heiligen stehen. Es lehnt nicht an dem dahinter stehenden Gefäß, sondern steht aufrecht vor ihm. Sein Rahmen schließt nach unten hin mit dem Bildrand ab; seine untere Leiste schien der realen Holzleiste des verlorenen Rahmens aufzuliegen. Der ›abständige‹ Effekt ist besonders überzeugend, weil an der unteren Bildbegrenzung eine dunkle Kehle dargestellt ist. Mit dem Bildraum ist es nicht verbunden; den Schatten wirft nicht das Täfelchen, sondern das Gefäß dahinter. Dessen Deckel ist, dem hohen Augpunkt entsprechend, in flacher Aufsicht gegeben, das Täfelchen aber nicht. Es durchbricht nicht nur die Bildgrenze, es gehört einer anderen Bildwirklichkeit an.

Was hier illusionistisch wiedergegeben ist, hatte seinen festen Platz in der zeitgenössischen Liturgie: Es handelt sich um eine sogenannte Paxtafel. Ihr Zweck innerhalb des katholischen Messritus bestand darin, den Gläubigen auf den Empfang des Altarsakraments vorzubereiten. Dazu wurden Paxtafeln vor der Kommunion zum Friedenskuss dargeboten. Bedenkt man, dass dieser Kuss nach damaliger Überzeugung stets von Christus selbst empfangen wurde, so ist die Bedeutsamkeit dieses ikonographischen Details für die Bildaussage kaum zu überschätzen. Wenn vor der *Pala Bardi* die Eucharistie gefeiert wurde, so wurde dem Zelebranten die Paxtafel beim Altarkuss oder auch beim Emporheben der Hostie unausweichlich präsentiert. Durch den scheinbar höheren Realitätsgrad dieses *trompe-l'œil* meldet es den Anspruch an, eine höhere Wahrheit nicht nur darzustellen, sondern selbst zu sein – zumindest im Moment des Messopfers, auf das die Paxtafel ja bezogen ist. Das Bild des Gekreuzigten verschmilzt mit der Eucharistie. Wie in der verwandelten Hostie während der Wandlung ist in dem Täfelchen Christus in seiner göttlichen Natur real präsent und damit der ›umweglosen‹ Anbetung freigegeben.

Der Friedenskuss sollte die Konzentration auf die Eucharistie als den theologischen Kern der Messfeier stärken. Genau dies dürfte auch die Absicht Botticellis gewesen sein, als er die Paxtafel so täuschend echt ›vor‹ das Bild setzte. Sie ist mit dem dahinter stehenden Gefäß zu motivischer Einheit verbunden. Die runde Dose mit Deckel ist aufgrund der Nähe zu dem Täfelchen eindeutig als Pyxis zu identifizieren, wie das auf dem Altar stehende Behältnis für die

Aufbewahrung des Allerheiligsten bezeichnet wurde. Aus ihr empfing der Gläubige seit dem Spätmittelalter die Kommunion. Es ist der Akt, der im Messritus auf den Friedenskuss folgt; der motivischen entspricht also auch die liturgische Verbindung von Paxtafel und Pyxis. Beide vermitteln zwischen den entscheidenden zwei Stufen christlicher Erlösung: der Fleischwerdung des Wortes, hier als bildliche Präsenz in der Gestalt des Kindes, und der Realpräsenz in der Transsubstantiation, die sich auf dem Altar ereignet.

Das verschlossene Gefäß steht in Beziehung zu dem Kind auf Mariens Schoß: Hier wie dort ist die künftige Bestimmung Christi noch verborgen, weshalb sich die Pyxis gerade noch in der Sphäre, der auch die Madonna angehört, zu befinden scheint, die Paxtafel aber schon außerhalb des Bildraums. Verschlossene und enthüllte Wahrheit stehen dem Betrachter in engster Nachbarschaft vor Augen. Den Florentinern des 15. Jahrhunderts war die Dialektik von Zeigen und Verbergen, Öffnen und Schließen, Verschleiern und Enthüllen von Altarbildern vollkommen vertraut. Das Verdecken geschah in der Regel mit den sogenannten *cortine*, bemalten Leintüchern, die vor der Oberfläche der Altarbilder installiert wurden. Im Fall der *Pala Bardi* wurden 1485 ein Leineweber und ein Maler für die *cortina* bezahlt. Noch heute sind an den Altären, die sich in Santo Spirito von der originalen Ausstattung erhalten haben, teilweise die horizontalen Vorhangstangen zu sehen. Neben ihrer konservatorischen Funktion hatten die Vorhänge eine symbolische und liturgische Bedeutung. Sie repräsentierten jenes Tuch, das zwischen die Säulen des Salomonischen Tempels gespannt war, um die Bundeslade als Allerheiligstes gegenüber dem übrigen Raum abzugrenzen; es zerriss bei Jesu Tod am Kreuz.

Indem der Paxtafel eine scheinbar greifbare Präsenz verliehen ist, zieht sich das ›dahinter‹ liegende Bild in eine andere Realität zurück. Die Flächigkeit dieser zweiten Realität, früher wahrscheinlich auch die nur temporäre Freigabe durch die *cortine*, erhöhte ihre erscheinungshafte Wirkung. So findet sich hier, ausgeprägt wie nie zuvor, das dualistische Charakteristikum Botticellis, der den Betrachter einschließt und zugleich das Bild nach außen abschließt.

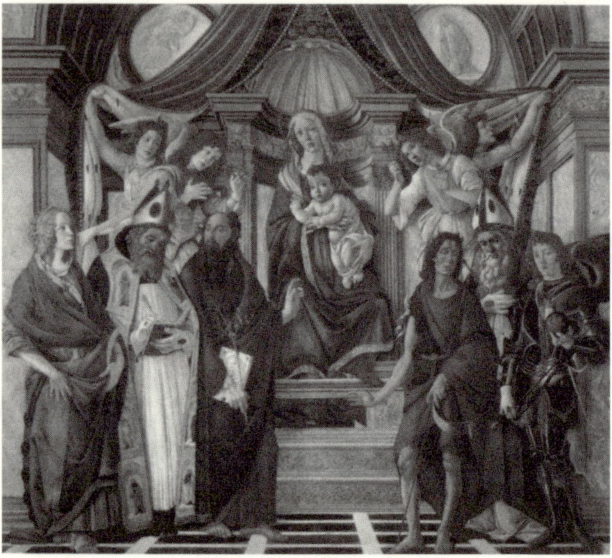

Sandro Botticelli, *Thronende Muttergottes mit den Heiligen Katharina, Augustinus, Barnabas, Johannes der Täufer, Ignatius und dem Erzengel Michael (Pala di San Barnaba)*, 268 × 280 cm, Florenz, Uffizien, um 1487/88

## Das Bundeszelt ist geöffnet

Die *Pala di San Barnaba*

In der Bardi-Kapelle ging es, trotz der Festlegungen durch das Ordenskapitel von Santo Spirito, vergleichsweise privat zu – verglichen jedenfalls mit der Aufgabe, die Botticelli wenig später in San Barnaba erwartete. Zum ersten Mal wurde er mit einem großformatigen Hochaltar-Retabel beauftragt, wohl nicht zufällig erneut für eine Kirche der Augustiner-Eremiten. Gegenüber dem halbverborgenen Dasein einer Seitenkapelle besitzt der Hochaltar sowohl im Kirchenraum als auch innerhalb der liturgischen Ordnung eine Autorität und Öffentlichkeit, die besondere Anforderungen an den Künstler stellten. Hier zeigt sich die Stärke Botticellis, seine Werke malerisch in hochsensibler Weise dem jeweiligen Bestimmungsort anzupassen: eine Fähigkeit, die sich im Florenz des späten 15. Jahrhunderts einzigartig ausnimmt.

Die *Pala di San Barnaba* zeigt wieder eine *Madonna con santi*. Diesmal gehören die Heiligen Katharina, Augustinus, Barnabas, Johannes der Täufer, Ignatius und der Erzengel Michael zum himmlischen Hofstaat. Die heiligen Personen, die sich in einem geschlossenen, prächtig ausgestatteten Innenraum versammelt haben, sind in prunkendes Kolorit getaucht, Figuren und Hintergrund werden von einem einheitlich gravitätischen Farbklang zusammengefasst. Tiefe Leuchtkraft des Pigments, prägnante Klarheit der Form, ein souveränes Raumgefühl und eine unverrückbar stimmige Gruppierung der Figuren sind die hervorstechenden Merkmale.

Die Kirche des heiligen Barnabas, ein Bau des 14. Jahrhunderts an der Via Guelfa, gehörte zu jenen Orten in Florenz, an denen sich der kommunale Geist selbstdarstellerisch verdichtete: Die Stiftung der Kirche wurde von der

Republik Florenz feierlich versprochen, zum Dank für einen militärischen Sieg im Jahr 1289, am Tag des Kirchenpatrons. Die erste in San Barnaba ansässige Kommunität bestand aus Augustiner-Chorherren, doch wurden Kirche und Kloster 1453 von der Bürgerschaft den erstarkenden Augustiner-Eremiten (auch Observanten genannt) übertragen. Gelegentlich findet sich die irrtümliche Annahme, Lorenzo de' Medici habe 1482 eigenmächig die Chorherren durch Observanten ersetzt. Daraus wurde gefolgert, dass die neu eingezogenen Mönche auf der Darstellung des heiligen Augustinus als Eremit bestehen müssen. Da er in dem Gemälde jedoch als Bischof erscheint, müsse es vor 1482 entstanden sein. In Wirklichkeit trägt der Heilige jedoch unter dem Pluviale eine Ordenstracht. Eine Entstehungszeit noch vor dem römischen Aufenthalt Botticellis ist freilich schon unter stilkritischen Gesichtspunkten abzulehnen. Aus dem Vergleich mit einer Reihe sicher datierter Gemälde ergibt sich, dass die *Pala di San Barnaba* zwischen 1487 und 1489 entstanden ist.

Das Figurenensemble ist von zeremonieller Feierlichkeit, die Bildarchitektur dient ihm als Resonanzkörper. Die Monumentalität des Schauplatzes, die unübersehbar an Giulianos da Sangallo neurömische Bauformen gemahnt, sind in Botticellis Werk einzigartig. An ihr mag man auch ermessen, wie schwer der Verlust der Rahmung gerade in diesem Falle wiegt. Hier dürfte die Wirkung des Gemäldes von einer fein vergoldeten Marmorarchitektur ins Triumphale gesteigert worden sein: Die Gesamthöhe des Altaraufbaus betrug zirka 4,50 Meter! Von der Architektur wurden die Heiligen in eine ideale Sphäre versetzt, die ganz bewusst mit dem Kirchenraum kontrastieren sollte, in dem die *Pala* aufgestellt war: Dem Armutsgebot der Augustiner-Eremiten entsprechend ist San Barnaba ein kleiner, in überaus einfachen Bauformen errichteter Saalbau. Vor der Barockdekoration des 18. Jahrhunderts war der Raumeindruck von der Schlichtheit einer Bettelordenskirche geprägt; inmitten des kargen, hellen Ambientes erhob sich der Hochaltar in seiner ganzen Pracht. Das Altarbild sollte in der Demut der Gegenwart die verheißene Kostbarkeit des Paradieses aufglänzen lassen.

Diese ideale Welt nun stand dem Betrachter nicht zuständlich gegenüber, wie man es bis dahin von Altarbildern mit der Darstellung einer Madonna mit Heiligen gewohnt war. Sie schien sich ihm vielmehr im Augenblick der Betrachtung zu enthüllen. Gerade wird der zeltartige Baldachin von den Engeln geöffnet; dem momentanen Sichtbarwerden von etwas sonst Verhülltem wird in dem Gemälde Dauer verliehen, bezogen auf das Offenbarwerden der Wahrheit, die im Alten Testament noch verborgen war, durch das Kommen Christi. Niemand hat sich um den typologischen Zusammenhang von Altem und Neuem Bund, insbesondere aber um eine christliche Auslegung des jüdischen Bundeszeltes so sehr bemüht wie der Verfasser des *Hebräerbriefes*. Diesen Brief zählte man zwar seit langem zu den paulinischen Episteln; die Autorschaft des Apostels Paulus wurde aber schon im Altertum in Frage gestellt. Der Kirchenvater Tertullian vertrat als Erster die bis heute bestehende Ansicht, dass Barnabas der Verfasser des Briefes sei. Wohl nicht ohne Hintersinn trägt dieser Fürsprecher, Begleiter und Schüler des Paulus in Botticellis Altarbild die vertrauten Züge des Apostelfürsten.

Der *Hebräerbrief* scheint für die Wahl des Baldachinmotivs die entscheidende Quelle gewesen zu sein. Darin wird eine Theologie des Opfers Christi entworfen, die sich des Zeltes als eines zentralen Sinnbildes bedient. Er schildert die doppelte Verhüllung des Allerheiligsten im Tempel und wie sie durch das Kommen des Erlösers aufgehoben worden ist. In der *Pala di San Barnaba* sind Jungfrau und Kind unseren Blicken ausgesetzt wie das Altarsakrament. Christus – so kann mit dem *Hebräerbrief* argumentiert werden – hat jedem Gläubigen Zutritt zum Allerheiligsten verschafft. Dessen Sinnbilder sind die Architektur und der Vorhang. Das dem Betrachter präsentierte und ihn zugleich segnende Kind wird gewissermaßen zum sich selbst darbringenden Opfer, durch das die Menschen geheiligt werden. Auf diesem neuen Weg gelangen sie »durch den Vorhang hindurch, das heißt durch sein Fleisch« – der Vorhang vor der Bundeslade wird mit dem Leib Christi gleichgesetzt.

Auch das Hochaltarbild von San Barnaba war wohl normalerweise hinter Altarvorhängen verborgen; dahinter befanden sich die Heiligen als himmlische Priesterschaft. Wurde der Vorhang zur Heiligen Messe oder aus anderen liturgischen Anlässen gelüftet, so entsprach die Situation für die Gläubigen dem Blick auf das »zweite Zelt«, das im altjüdischen Kult noch »verborgen hinter dem zweiten Vorhang« lag. Durch den Opfertod Christi, der in jeder Eucharistiefeier vergegenwärtigt wird, ist dieses »secundum tabernaculum« aber offenbar geworden. Deshalb wird der Baldachin geöffnet, und deshalb werden Nägel und Dornenkrone von den Engeln so offeriert, wie Ministranten die eucharistischen Gaben darbringen. Ihre dienende Funktion steht im Einklang mit der im *Hebräerbrief* getroffenen Feststellung, dass die Erlösung durch Christus, nicht durch die Engel erwirkt werde. Die Gläubigen vor dem Altarbild in San Barnaba sahen ihn so, wie der *Hebräerbrief* es beschreibt: noch nicht in seiner ganzen Herrlichkeit, sondern als anbetungswürdiges Kind; »ein wenig niedriger als die Engel«, die ihn tatsächlich etwas an Höhe überragen; »gekrönt um seines Todesleidens willen«, indem ihm die Dornenkrone gereicht wird; »damit er für jedermann den Tod koste«, was sich im betrübten Blick der Jungfrau ankündigt und durch das Vorzeigen der Passionswerkzeuge vorweggenommen wird.

Nicht der Gedanke der Fürbitte steht im Vordergrund, sondern die Stellung der Jungfrau im göttlichen Heilsplan. Dank der Demut, mit der sie die Botschaft des Engels angenommen hat, ist das Wort Mensch geworden; dadurch hat sie den Menschen, wie es bei Dante heißt, »die Tür zur höchsten Liebe geöffnet«. Die Relieftondi oberhalb der Passionsengel breiten dementsprechend die Szene der Verkündigung aus, die auch an Sakramentstabernakeln des späten 15. Jahrhunderts häufig dargestellt wurde. Die beiden entscheidenden Momente der christlichen Erlösung, Menschwerdung und Kreuzestod, sind in der *Pala di San Barnaba* anschaulich miteinander in Beziehung gesetzt, und dies umso mehr, als zum Gesamtprogramm des Altars auch eine Darstellung des toten Christus in der Mitte der Predella gehörte; sie ist heute wieder gemeinsam mit der *Pala di San Barnaba* ausgestellt.

Auf Dante geht auch die Inschrift der Porphyrtafel am Sockel des Thrones zurück. Sie enthält die Worte aus dem Munde des heiligen Bernhard von Clairvaux, mit denen der letzte, der 33. Paradiesgesang der *Göttlichen Komödie* anhebt: »Vergine Madre, figlia del tuo figlio« – »Jungfrau und Mutter, Tochter deines Sohnes«. Erst durch die Zusammenschau von Bild und Text wird man der prozesshaften Bedeutung des Baldachinmotivs vollständig inne, denn durch die Inschrift erhält das Thema der Enthüllung einen ganz bestimmten, erzählerischen Sinn: Der Betrachter wechselt unwillkürlich in die Rolle des Dichters. Im späten 15. Jahrhundert genoss Dante in Florenz nahezu kultische Verehrung; jeder Gebildete der Zeit wusste die Inschrift am Thron Mariens als Abbreviatur eines szenischen Zusammenhangs zu deuten. Insofern wird das nachfolgende Geschehen in die Darstellung mit hineingenommen. Denn der Bitte, Dante möge die Schau des »letzten Heiles« gewährt werden, wird umgehend entsprochen: Maria wendet sich empor zum ewigen Licht, und Dante darf der Richtung ihres Blickes folgen, um selbst die Wahrheit zu schauen.

Botticelli wagt hier die Aktualisierung einer Epiphanie, die als visionärer Vorgang vergegenwärtigt wird. Wie Dante am Ende seiner Jenseitsreise thematisiert er nicht die Ewigkeit an sich, sondern ihr Offenbarwerden. Dadurch entgeht die *Pala di San Barnaba* der Gefahr, durch die rauschende Vorhangöffnung in die Nähe des Theatralischen zu geraten. In diesem Gemälde halten sich dekorativer Aufwand und geistige Tiefe, sensible Konfiguration und liturgische Zeremonialität die Waage. Mit der *Pala di San Barnaba* wurde ein neues Kapitel in der Darstellungsgeschichte der Madonna mit Heiligen aufgeschlagen. Ihre Folgen für das Altarblatt der Hochrenaissance sind kaum abzusehen.

## Empfängnis am Karfreitag

Die *Verkündigung an Maria*

In der *Pala di San Barnaba* fügt sich der heilsgeschichtliche Zusammenhang von Inkarnation und Passion einem weit ausgreifenden ikonographischen Programm ein; er ist daher auf eher versteckte Weise präsent. In Botticellis nächstem Altargemälde wird dieser Zusammenhang offenkundig: Für die *Verkündigung* wurde das Bildthema der Empfängnis durch das prononciert herausgestellte Motiv des Schmerzensmannes in der Predella ergänzt. Dem Gläubigen werden zugleich die Menschwerdung und der Tod Jesu dargeboten, Mutterschoß und Sarkophag als Anfang und Ende seines irdischen Lebens in Beziehung gesetzt.

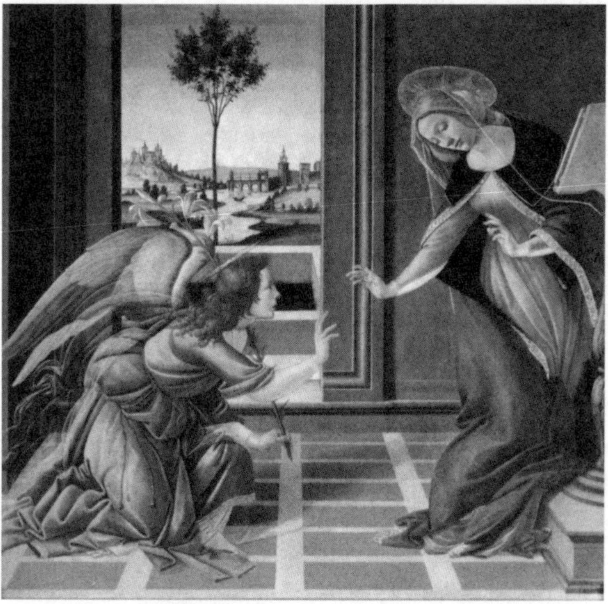

Sandro Botticelli, *Verkündigung an Maria (Pala Guardi)*, 240 × 235 cm, Florenz, Uffizien, 1489/90

Das verhältnismäßig kleine Altarbild stammt aus der kurz »Cestello« genannten Zisterzienserkirche Santa Maria Maddalena in Florenz. Der Bau des 13. Jahrhunderts wurde seit 1481 durchgreifend erneuert und erweitert; 1488 wurde mit der Errichtung der Seitenkapellen begonnen. Am 19. März 1489 wurde der Grundstein zur Annunziata-Kapelle gelegt, die der Bankier und Immobilienmakler Benedetto di Ser Francesco Guidi gestiftet hatte. Für diesen Ort malte Botticelli die *Verkündigung*. Der Altar wurde am 26. Juni 1490 geweiht; ob sich das Retabel zu diesem Zeitpunkt schon *in situ* befand, ist nicht bekannt. Im gleichen Jahr erhielt Botticelli die Bezahlung von 30 Goldddukaten, in denen die Materialkosten mit Sicherheit eingeschlossen waren.

Anders als in Santo Spirito scheinen die Mönche von Cestello kaum Einfluss auf die Ausstattungsprogramme der einzelnen Kapellen genommen zu haben. Die Initiative ging offenbar von den Stiftern selbst aus, die eine relativ homogene Gruppe von untereinander eng verbundenen Patriziern bildeten. Ähnlich wie bei der *Pala Bardi* könnte die Auftragsvergabe auch hier verlaufen sein, die sich der persönlichen Verbindung Botticellis zu Giuliano da Sangallo, dem verantwortlichen Architekten, verdanken dürfte. Dessen charakteristische Gestaltung von Türrahmen mit dem Motiv der ›abbrechenden Kehle‹ wird in dem Gemälde aufgegriffen. Diese Bezugnahme stützt die Vermutung, dass auch der prächtige, diesmal glücklicherweise erhaltene Rahmen von Sangallo entworfen worden ist.

Der Bildraum wird von äußerster Nüchternheit und geometrischer Präzision beherrscht. Der zugleich vorwärtsdrängenden und stockenden Bewegung des Engels antwortet die sowohl zurückweichende als auch zu dem Besucher sich drehende und neigende Gestalt Mariens. Der Bogen, den sie beschreibt, fängt anschaulich die göttliche Botschaft auf. Die beiden gegenläufig verschraubten Figuren finden zu einer der kompliziertesten Zweifiguren-Kompositionen des 15. Jahrhunderts zusammen. Das zweiseitig ausgerichtete Bewegungsbild Mariens ist ein typisches Merkmal in Verkündigungsdarstellungen der nordalpinen Malerei. Hier aber ist ihre Haltung in jeder Hinsicht die Fortsetzung der Bewegung Gabriels. Die daraus entstehende Balance ist prekär und bedarf der Verspannung mit dem Rahmen einerseits, mit der Bildarchitektur andererseits: Die Figuren werden beide vom Bildrand an ihren äußersten Rändern überschnitten; das golden abgesetzte Grünblau des Marienmantels kehrt im Rahmen wieder. Wie dem Engel das Raumsegment vor der Tür zugewiesen ist, so verlässt Maria nicht den Bereich der geschlossenen Wand.

Der Franziskaner Roberto Caracciolo zählt in einer 1492 gedruckten Predigt über die Verkündigung fünf Zustände der Jungfrau auf, die von Aufregung, Nachdenken, Nachfragen und Unterwerfung bis zum Verdienst der zeitlichen Abfolge des Gesprächs mit dem Engel entsprechen. Michael Baxandall hat diese unterschiedlichen Reaktionen und Konditionen bestimmten Bildtypen des 15. Jahrhunderts zugeordnet. Das Besondere an Botticellis Darstellung ist jedoch, dass er imstande war, den Vorgang der Verkündigung vom Anfang bis zum Ende in einer einzigen Darstellung zu bündeln. Er könnte sich dabei an Donatellos Relief der *Verkündigung* in Santa Croce orientiert haben, das die begeisterte Zustimmung Vasaris gerade deshalb fand, weil in ihm ein sukzessives Geschehen mit ähnlich vielen Stationen in einem Bild zusammengefasst wird.

Durch die Gleichzeitigkeit verschiedener Handlungsmomente bestitzt das Gemälde fraglos narrative Qualitäten, doch zugleich konzentriert Botticelli die Darstellung auf den einen erlösenden Moment, der in diesem Fall in doppeltem Sinne zum ›fruchtbaren Moment‹ wird: Zwischen der Ankündigung des Engels und der Annahme Mariens – zwischen den beiden Abschnitten des Evangeliums, die der Predella *verbaliter* eingeschrieben sind – ereignet sich die Empfängnis Christi. Die zeitliche Spanne, die zwischen den beiden Zweizeilern der Predella liegt, wird genutzt, um das Undarstellbare, das auch im Evangelium nicht ausgesprochen wird, als den entscheidenden Wendepunkt zu bezeichnen. Zwischen den Händen Gabriels und Mariens entlädt sich gewissermaßen die in der Predella erwähnte göttliche »virtus«. Unterstützung erfährt diese Übertragung durch den Winkel des Türpfostens, der die lebendige Begegnung geometrisch abstrahiert.

Die Tür selbst rahmt ein Bild im Bild, dessen ›flämische‹ Natürlichkeit der ›florentinischen‹ Kargheit des Innenraums zutiefst widerspricht. Der Altarrahmen wird hier zum Fenster in eine von Künstlichkeit geprägte Bildwelt, aus der sich ein weiteres Fenster in eine naturwirklich scheinende, vedutenhafte Welt öffnet. Die Kombination von nach hinten abgeschlossenem Innenraum und tief ausgezogenem Landschaftsausblick war in der Ikonographie der Verkündigung nichts Ungewöhnliches; sie entspricht sogar einer Darstellungstradition, in die sich auch Botticelli 1481 mit seinem Fresko aus der Vorhalle von San Martino alla Scala (heute Uffizien) eingereiht hatte. Doch anders als in sämtlichen anderen Verkündigungsdarstellungen dieser Zeit in Florenz wird ein Ineinandergreifen von illusionistisch aufgefasstem und betont künstlichem Raum strikt vermieden, Natur und Architektur stehen sich als unvereinbare Welten gegenüber.

Der einheitlich perspektivische Raum des Vordergrundes endet mit der hinteren Begrenzung des *hortus conclusus*. Durch die perspektivische Widersprüchlichkeit und den Gegensatz von stereometrischer Abstraktion und feinmalerischer Detailschilderung, in deren Folge das weit Zurückliegende genauer und ›wahrscheinlicher‹ erscheint, wird der Landschaftsausschnitt zu einer andersartigen Wirklichkeit – der anschauliche Nachweis, dass Naturgeschichte und Heilsgeschichte in getrennten Bahnen verlaufen. In der Begegnung der Hände Gabriels und Mariens verschränkt sich das Endliche mit dem Unendlichen, sichtbar freilich nur für die Imagination des Betrachters. Der ›körperlose‹ Brückenschlag, der damit gelingt, steht im Gegensatz zu der greifbar-realen, aber unterbrochenen Brücke der Flusslandschaft.

Auf der Schwelle zwischen beiden Welten wächst ein schlankes Bäumchen. Wegen seines vereinzelten Daseins übernimmt es die Rolle eines dritten Mitspielers in dem heiligen Schauspiel. Sein Sinngehalt erschließt sich aus seinem Zusammentreffen mit Lilienschaft und Flusslauf. Vor dem Fluss ragt das Stämmchen auf; wo es hinter der rückwärtigen Gartenmauer verschwindet, führt der Bogen des Lilienzweigs über der Schulter Gabriels vorbei. Schon aus geringer Entfernung hat es den Anschein, als wachse der Baum aus dem Stengel hervor; an der ›Nahtstelle‹ beginnt die Lilie zu blühen. Durch die scheinbare Abzweigung wird das Bäumchen zum Sinnbild der »Zweiges aus der Wurzel Jesse«, als welcher Maria von Tertullian bezeichnet wurde, der scheinbar von ihm ausgehende Blütenstand aber zur »Blüte aus dem Zweig«, wie Christus in derselben Quelle genannt wird, die in zahlreiche Marienhymnen des Mittelalters Eingang fand.

Das Motiv des Flusses, der auf diese Stelle zuführt, könnte mit einer Predigt des wichtigsten Zisterzienserheiligen, Bernhards von Clairvaux, in Zusammenhang stehen. Dort wird für Maria das Bild des »Aquädukts« verwendet, das den Strom lebendigen Wassers zu den Menschen bringt. Das Bäumchen hinter der Mauerbrüstung ist nicht zuletzt auch als das *lignum vitae*, der Baum des Lebens, zu deuten, dessen Holz dereinst zum *arbor crucis*, zum Stamm des Kreuzes, werden sollte. Die in die Frühzeit christlicher Exegese zurückreichende Annäherung von Baum und Kreuz war in Ubertinos da Casale *Arbor vitae crucifixae Jesu*, das 1485 erstmals im Druck erschien, weiter präzisiert worden. Wohl mit voller Absicht des Künstlers führt der Blütenstengel in Verlängerung hinab zu dem mittleren Predellentäfelchen, das den Leichnam Jesu im Sarkophag zeigt.

Für die Zusammengehörigkeit, in gewissem Sinne sogar Austauschbarkeit von Menschwerdung und eucharistischem Opfer gab es in Florenz ein ausgeprägtes Bewusstsein. Der 25. März, mit dem das neue Jahr *stile fiorentino* begann, ist nach alter kirchlicher Überlieferung das Datum sowohl der Empfängnis als auch des Todes Jesu (der ›unbewegliche Karfreitag‹); nicht zufällig ist die Verkündigung eines der häufigsten Sujets an florentinischen Sakramentstabernakeln. Folglich ist es nicht ohne Bedeutung, dass Botticelli zwischen den Worten des Lukasevangeliums, und zwar über demselben schwarzen Grund wie diese, den Schmerzensmann darstellt. Die *imago pietatis* übernimmt hier auch die Funktion einer Paxtafel. Nach der Kreuzigung kam dieses Motiv in den zeitgenössischen Paxtafeln am häufigsten zur Darstellung.

Das Bild des toten Christus der Predella macht das ernste Spiel mit den Realitätsebenen komplett. Außerhalb der Bildrealität, die ein vergangenes Ereignis zeigt, bürgt dieses Element für die Präsenz im Sakrament, das die heilbringende Substanz desselben Ereignisses aktualisiert. Darum weist Botticelli ihm einen höheren Realitätsgrad zu: Der Sarkophag scheint auf der untersten Sockelleiste des Rahmens zu stehen; illusionistisch abgesetzt von der Fläche der Predella, wirft er sogar einen Schatten. Das ihm vorgespannte, als *trompe-l'œil* gemalte Schweißtuch der Veronika weht somit gleichsam in die Wirklichkeit des Betrachters hinüber. Was in der Begegnung zwischen Gabriel und Maria seiner Vorstellung überlassen bleibt, wird hier im fast handgreiflichen Sinne zur *vera eikon*, zum wahren Bild. Nicht die Begebenheit der Verkündigung, sondern das Mysterium der Menschwerdung bildete für Botticelli den Ausgangspunkt der Gestaltung.

## Himmel und Erde, geschiedene Welten

Die *Marienkrönung mit Heiligen*

Lorenzo il Magnifico soll einmal die Meinung geäußert haben, dass mit ausreichenden Finanzmitteln jede künstlerische Aufgabe zu bewältigen sei. Der Maler Graffione habe diesen Hochmut mit dem Hinweis pariert: »Na, Lorenzo, das Geld macht nicht die Meister, sondern die Meister machen das Geld!« Häufig genug wurde in der modernen Kunstgeschichtsschreibung vom Gegenteil ausgegangen. Gerade für die sakrale Malerei herrscht weithin die Vorstellung, die Publikumserwartungen allein hätten die Arbeitspraxis geleitet, mithin über das Aussehen der Bilder bestimmt, und der künstlerischen Phantasie Fesseln angelegt – als wären die Maler gleichsam ferngesteuert ans Werk gegangen.

Botticellis *Marienkrönung mit den Heiligen Johannes der Evangelist, Augustinus, Hieronymus und Eligius* ist geeignet, diese Sicht der Dinge zu korrigieren. Das Gemälde entstand zwischen 1490 und 1493, als Botticelli als »egregius pictor«, also als vortrefflicher Maler galt und seine Werkstatt florierte wie nie. Es ist nicht nur das Altarretabel mit den größten Abmessungen im Œuvre des Malers, sondern war auch das am besten bezahlte – und eines der innovativsten und folgenreichsten dazu. Mit der Konzeption dieses nur auf den ersten Blick konventionellen Bildes ist ein entwicklungsgeschichtlicher Horizont aufgewiesen, der in die Hochrenaissance überleitet. In der *Marienkrönung* werden die Sphären des Weltlichen und des Göttlichen scharf gegeneinander abgegrenzt. Die Darstellung dieses Dualismus sollte im Altarbild des 16. Jahrhunderts zur beherrschenden Aufgabe werden.

Die *Marienkrönung*, auch *Pala di San Marco* genannt, entstand im Auftrag der Seidenweberzunft und war für die

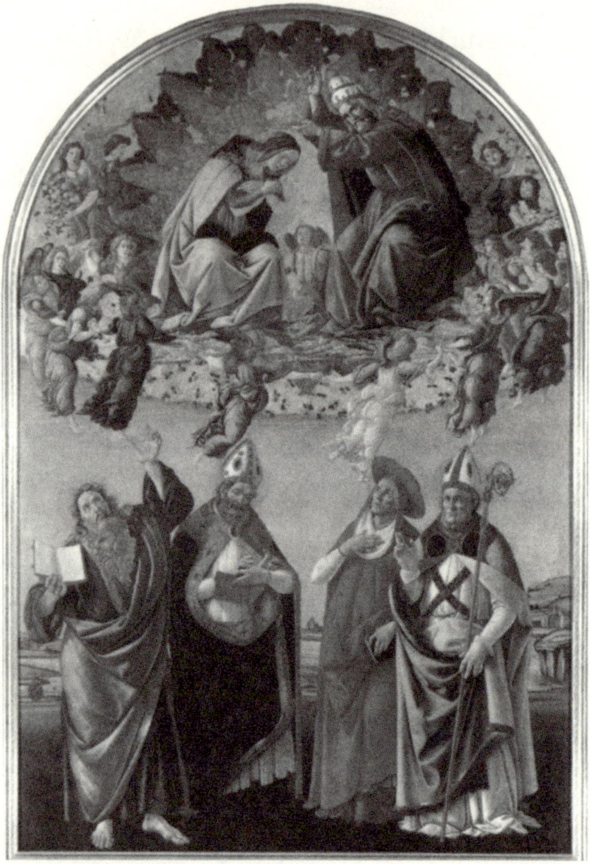

Sandro Botticelli, *Krönung Mariens mit den Heiligen Johannes der Evangelist, Augustinus, Hieronymus und Eligius (Pala di San Marco)*, 378 × 258 cm, Florenz, Uffizien, 1490–1493

Kapelle der Goldschmiede in San Marco bestimmt, die der *Arte della seta* integriert waren. Ihr Patron war der heilige Eligius, dem die Kapelle an der Eingangswand rechts vom Portal geweiht war. Die Größe war außergewöhnlich; zuzüglich der Predella, die sich ebenfalls in den Uffizien erhalten hat, des verlorenen Rahmens und des Altartisches ergab sich eine Gesamthöhe von fünfeinhalb bis sechs

Metern. Das Hochformat, das nach oben mit einem Halbkreis abschließt – ein modernes Bildformat, das in Florenz erstmals 1487 aufgetreten war –, fasst eine Fläche ein, die sich sowohl horizontal als auch vertikal zweigeteilt präsentiert. Die obere Hälfte enthält die eigentliche Krönungszeremonie, umgeben von einem Doppelkranz aus Seraphim und Cherubim, das Ganze umschlungen von einem bunten Reigen tanzender Engel. Übergangslos setzt sich die Himmelszone vom darunterliegenden Bereich ab, in dem die vier männlichen Heiligengestalten auf einer grünen Wiese aufragen, hinterfangen von einer nicht sonderlich detailliert gestalteten Landschaft.

Zwischen die beiden mittleren Heiligen schiebt sich eine Art Trichterform, die sich einst auch nach unten hin fortsetzte: In der mittleren Predellentafel bietet sich die Darstellung der *Verkündigung* in der Mitte geteilt dar, weil sich die Wand zwischen der Jungfrau und dem Engel zu einem Landschaftsausblick öffnet. Nach oben hin verbreitert sich der Spalt, bis die Trennung der beiden Bildhälften durch das gegenseitige Zugeneigtsein der Jungfrau und Gottvaters überwunden wird. Der rot-blaue Doppelbogen aus Engelsköpfen, der die Krönung überfängt, vermittelt zum Halbkreis der Tafelform. Eine klappsymmetrische Aufteilung der Bildfläche ist vermieden, die kompositionelle gegenüber der geometrischen Mittelachse leicht nach rechts verschoben. Botticelli hat offenbar den Standpunkt des Betrachters, der aus dem Kirchenschiff von halblinks auf das Bild blickte, in die Konzeption einbezogen.

Die halbkreisförmige Anordnung der Heiligen bildet eine Art imaginäre Apsiswand aus, deren ›Kalotte‹ gleichsam von der Himmelsglorie eingenommen wird. Ihr statuarischer Wuchs lässt diese Gestalten beinahe wie Säulen für das Himmelsgewölbe erscheinen. Eligius fällt die Aufgabe zu, zwischen der Welt des Betrachters und dem Reich des Übernatürlichen zu vermitteln – vielleicht nicht zufällig, steht sein Patronat doch dem Beruf des Malers am nächsten: ein Verweis auf die vermittelnde Macht der Malerei?

Die Auswahl der Heiligen war von den Auftraggebern sicherlich vorgegeben. Neben dem Patron der Goldschmiede erscheint Johannes der Evangelist als Patron der Seidenwirker. Johannes der Evangelist hatte mit dem Bild des Apokalyptischen Weibes die Ikonographie für Himmelfahrt und Königtum Mariens vorbereitet, Augustinus galt als Verfasser einer Predigt über diese Stelle aus der Offenbarung des Johannes und soll die Apokalypse kommentiert haben, Hieronymus wurde eine später als apokryph erkannte Schrift über die Aufnahme Mariens in den Himmel zugeschrieben. Das Verbindende der drei Heiligen besteht demnach darin, dass in der Darstellung der Krönung Mariens die vorausgehende Himmelfahrt gleichsam mit enthalten ist – was in der Aufstellung der Heiligen um eine leere Mitte herum seinen gestalterischen Ausdruck findet.

Noch bedeutsamer als die verborgene Präsenz der Himmelfahrt in der Krönung Mariens ist die Abkehr vom geschlossenen Raum, die Botticelli hier vollzieht. Das altehrwürdige Thema der Marienkrönung wird um die Typologie der Madonna mit Heiligen bereichert, Maria als Verklärte charakterisiert. Auf diese Weise weicht die Hierarchie von Boden und Thron der neuen Distanz von Welt und Überwelt, weil himmlische und irdische Wirklichkeit konsequent auseinandertreten. Während die Heiligen in felsenhafter Solidität aufragen, versetzt der ätherische Engelsreigen die Himmelszone in kreisende Bewegung. Ihre Unterkörper überschneiden den unteren Saum der Glorie, und obwohl es fast zur Berührung ihrer Füße mit der Hand des Johannes und den Kopfbedeckungen der übrigen Heiligen kommt, scheinen weder die Engel noch die Heiligen Notiz davon zu nehmen. Die Verschiedenartigkeit der Sphären wird betont. Schon durch den verkleinerten Figurenmaßstab bildet das Band der Engel eine Art Pufferzone, welche die diesseitige und die jenseitige Welt voneinander trennt. Die Heiligen sind untereinander nicht mehr, wie im Bildtypus der *Sacra conversazione*, in transzendenter Gemeinschaft; sie befinden sich vielmehr in der irdischen Welt, während ihr bisheriger Sammelpunkt, Maria auf dem Thron, in die Herrlichkeit entrückt wurde.

In früheren Darstellungen der Krönung Mariens – bei Fra Angelico, bei Filippo Lippi, bei Piero del Pollaiuolo oder Domenico Ghirlandaio – wurde die Zeremonie entweder ganz und gar in raumlos-paradiesische Gefilde verlegt oder man ließ sie in einem ›mondänen‹, architektonisch dominierten Ambiente stattfinden. Demgegenüber lässt Botticelli Erde und Empyreum fundamental auseinandertreten. Die Heiligen stehen auf dem Boden der empirischen Tatsachen, hinter ihnen breitet sich die Landschaft in weite Ferne; oben werden wir hingegen mit einer ›abstrakten‹ Räumlichkeit konfrontiert. Mit dem Goldgrund bezieht sich Botticelli einerseits auf die symbolische Himmelsdarstellung der mittelalterlichen Malerei, andererseits überzieht er die Oberfläche mit einem komplizierten Spiel aus goldenen Strahlen, Schraffen und Flächen. Auf diese Weise erhält er ein Licht, das die Form einer bloßen Metapher abstreift und zur wesensmäßigen Repräsentation dessen wird, was allein der geistigen Erkenntnis vorbehalten ist: Das Reich Gottes wird als Reich der körperlosen Ideen interpretiert.

In der neuplatonischen Philosophie ist Gott das Zentrum des Lichts; geht er aus sich heraus, so erscheint er als »Deus radius«, als sich verstrahlender Lichtkreis. Bei der Vergegenwärtigung der himmlischen Sphäre in der *Pala di San Marco* scheinen die Analogien mit dieser Metaphysik des Lichts über die Grenzen des bloß Zufälligen hinauszugehen. Natürliche Lichteffekte werden hier mit den ›übernatürlichen‹ des Goldes kontrastiert, die von den Malern der Frührenaissance sorgsam eliminiert worden waren. Um 1430 hatte sich schon Alberti, kurz darauf auch prominente Kleriker wie der heilige Antoninus von Florenz, in vehementer Form gegen den Gebrauch des Goldes in der Malerei ausgesprochen.

Demgegenüber griff Botticelli in neuartiger Weise auf die enträumlichte Darstellungsweise zurück, um ein sakrales Gegenüber zu schaffen, das der vernunftgemäßen Erkenntnis prinzipiell unzugänglich ist – eine Welt für sich, deren Fluchtpunkt sich zwischen Gottvater und Maria befindet: Es ist der Goldpunkt, der die Strahlen aussendet, in deren Licht die inneren Engelshierarchien aufbranden. Hierhin geht der sehnsüchtige Aufblick des Engels, der zwischen der Jungfrau und Gottvater erscheint. In ihm verdichtet sich die Identität von grenzenloser Schau und Geschautwerden durch Gott. Auch die übrigen tanzenden Engel haben ihren Blick auf den Punkt geheftet, der zugleich den Mittelpunkt der beiden inneren Engelskreise markiert. In den Paradiesgesängen der *Göttlichen Komödie* Dantes findet sich die Erklärung dafür, dass sie nicht der Zeremonie folgen: Der Goldpunkt ist das Licht, durch das der Schöpfer für die Geschöpfe sichtbar wird. Von Beatrice erfährt Dante sogar, dass von jenem Punkt Himmel und Erde abhängen.

Das Motiv kommt auch schon in der älteren Florentiner Malerei vor, wird hier aber – als einigendes Zentrum der Blicke – neu interpretiert. Mit dem strahlenförmig sich vom Mittelpunkt aus verströmenden Licht schafft Botticelli ein bildliches Äquivalent zum »Deus radius«, der als abstrakte Chiffre ansichtig und unsichtbar zugleich ist. Das menschliche Auge des Betrachters erblickt die Krönung als zeitlichen und vorübergehenden Vorgang, die Engel dagegen schauen jene »luce sustanza«, von denen Dante im *Paradiso* spricht: wesenhaftes Licht. Der Engel ist absorbiert von der Schau der körperlosen Ideen, die jedoch der Vermittlung durch Bilder bedürfen, wenn die Menschen sich ihnen nähern wollen. Die scheinbare Theophanie in der Glorie wird zur Parabel auf die Undarstellbarkeit Gottes.

Botticellis *Marienkrönung* führte in der Geschichte des Altarbildes eine Zäsur herbei. In Florenz sollte danach zehn Jahre lang praktisch keine *Pala* von vergleichbarem Aufwand mehr entstehen. Mit der Kombination von räumlich-perspektivischer und flächig-symbolischer Ordnung, unter weitgehender Missachtung der ikonographischen Tradition, hat Botticelli sich mit einem Problem auseinandergesetzt, das bald ins Zentrum der künstlerischen Aufmerksamkeit rücken sollte: dem Problem nämlich, wie eine Wirklichkeit sichtbar zu machen sei, die das Tatsächliche übersteigt.

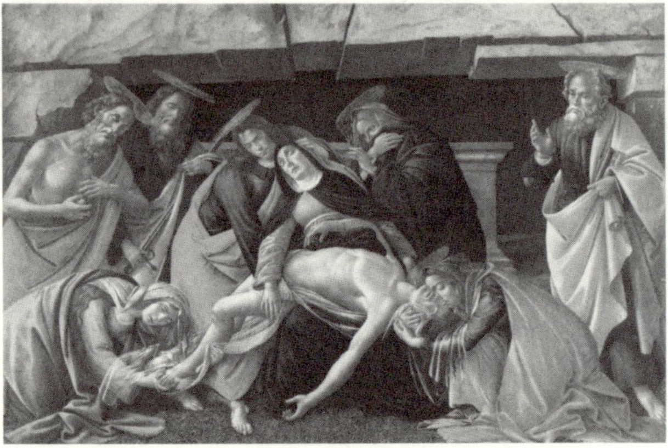

Sandro Botticelli, *Beweinung Christi (Pala di San Paolino)*,
140 × 207 cm, München, Alte Pinakothek, um 1494

## Geschichte im Schwebezustand

Die zwei Fassungen der *Beweinung Christi*

Vor der letzten der großen Altartafeln Botticellis sehen wir uns mit einer Bildsprache konfrontiert, die eine merkwürdig unangenehme Wirkung erzielt – so unangenehm, dass die frühen Monographien die *Beweinung Christi* in der Alten Pinakothek entweder gar nicht als eigenhändig gelten lassen wollten oder eine Schwächung der Erfindungskraft Botticellis unter dem Einfluss Savonarolas angenommen haben. In Wirklichkeit hat er das Bild mit großer Entschiedenheit aus dem Thematischen gestaltet. Der Bildgegenstand ist ein von den Evangelien nicht berichteter Vorgang zwischen Kreuzabnahme und Grablegung. Die Passion hat sich im Tod erfüllt, der Gedanke an die Auferstehung ist für die Trauernden undenkbar. Der Maler begegnet der Untröstlichkeit des Geschehens, indem er seiner Gestaltung das Prinzip der ›Störung‹ zugrunde legt – so konsequent eben, dass es unangenehm wird.

Das Gemälde stammt aus dem Kirchlein San Paolino in Florenz, das im 17. Jahrhundert einem Neubau weichen musste. Die nicht geringen Maße deuten darauf hin, dass es als Hochaltarbild diente. Entstanden ist die Beweinung wohl in der ersten Hälfte der 1490er Jahre, möglicherweise im Auftrag Polizians, der von 1477 bis zu seinem Tode 1494 Prior von San Paolino war. Die Reduktion der Motive, der Hang zu großräumiger Zusammenfassung der Formen, die reliefartige Aufreihung der Figuren vor einer raumlosen Hintergrundfolie, die Angularität ihrer Bewegungen, die Gleichzeitigkeit von emotionaler Wucht und Stillstand des Geschehens sowie die so komplizierte wie ›unnatürliche‹ Choreographie zugunsten des Ausdrucksgehalts sind Stilphänomene, die in Botticellis Œuvre der 1490er Jahre immer wieder anzutreffen sind.

Die oblonge Tafel zeigt vor einer Felsenhöhle in der Mitte die Jungfrau mit dem Leichnam Jesu quer über ihrem Schoß. Der Anblick und die Empfindung des Schmerzes lassen sie in diesem Moment ohnmächtig zur Seite sinken, so dass Johannes ein Herabfallen des Leichnams verhindern muss. Seine Gestalt ist von einer Richtungsvielfalt gekennzeichnet, in der sich Unentschiedenheit und Unsicherheit widerspiegeln; in seinem Gesicht verdichtet sich diese Zerrissenheit zwischen Helfen, Trösten und Trauern. Rechts von Maria steht Maria Salome, die sich mit ihrer linken Hand die drei Nägel des Kreuzes vor die Augen hält. Maria Magdalena verrichtet zu Füßen Christi noch einmal mit ihren Tränen und Haaren den Dienst, den sie ihm bei ihrer ersten Begegnung erwiesen hat, und wie sie kniet auch Maria Kleophas, die mit beiden Händen das Haupt des Toten umfasst und ihr Gesicht zärtlich an seine Wange schmiegt. Hinter Johannes und Maria stehen zwei Heilige, die historisch nichts mit diesem Epilog der Passion verbindet, Hieronymus und Paulus, beide vorgeneigt und mit gesenktem Blick. Auf der rechten Seite ist der heilige Petrus zu sehen, etwas weiter von der Mittelgruppe abgerückt.

Maria wird von Johannes und Maria Salome wie von den zwei Hälften einer geöffneten Muschelschale eingefasst. Zusammen mit den beiden knienden Frauen umschließen sie die zentrale *Pietà* in halbkreisförmiger Anordnung. Die Komposition baut sich aus drei konzentrischen, zur Mitte hin an Steilheit gewinnenden Segmentbögen auf. Der größte setzt am Kontur der äußeren Heiligen an, der mittlere vereint die knienden Frauen mit der Gottesmutter und den sie flankierenden Figuren, der innerste wird vom *corpus Christi* selbst gebildet. Aus dieser Übereinanderschichtung ergibt sich ein Effekt des Lastenden und Unerlösten. Am tiefsten Punkt dieser Konzentrik jedoch – dort, wohin sich alle Trauer zusammenzieht – glänzt in dem Bild der Leib Christi auf, noch im Tode strahlend schön. An der dissonanten Stimmung, dem kreischenden Kolorit, dem splitternden Klang ändert sich dadurch nichts. Auch die Komposition scheint aus dem Lot geraten: Die Gewichte sind rechts und links ungleich verteilt, die Figuren unharmonisch zusammengeschoben, ihre räumlichen Beziehungen so unklar wie ihre proportionalen und anatomischen Verhältnisse. Im Kleinen wie im Großen ist die harmonische Ordnung der Dinge gestört, ausgelöst durch die scheinbare Abwesenheit Gottes. Die Heilsgeschichte ist unterbrochen – der tote Heiland hat als einzige Figur keinen Nimbus –, der tiefste Gedanke des Karfreitags damit bildlich erfasst.

Abweichend von allen anderen Altartafeln Botticellis und der überwältigenden Mehrzahl der Florentiner Altarbilder seiner Zeit ist hier ein betontes Querformat gewählt. Wenn der nach unten geöffnete Bogen als die Komposition bestimmendes Grundschema etwas Niederdrückendes vermittelt, so wäre diese Anordnung mit einem Quadrat oder Hochrechteck als Bildfläche in Konflikt geraten. Dieses Bildformat aber, ob bereits festgelegt oder von Botticelli ausgewählt, unterstützt das Thema der Gottesverlassenheit mit einer deutlichen Abschließung nach oben. In seiner dezidierten Horizontalität hat der durchgehende Gesteinsfries am oberen Bildrand bedeutungsstiftende Funktion. Der Gestalt des Sarkophags im Hintergrund entspricht das Format des Gemäldes, und dieses Verhältnis von Rahmen- und Binnenform ist geeignet, unterschwellig eine ›Grabesstimmung‹ heraufzubeschwören. Unwillkürlich steht man wie geduckt vor dem Bild.

Mit dem Erscheinen der Heiligen an den Seiten nimmt das Bild Züge einer negativ besetzten *Sacra conversazione* an, bei welcher die Jungfrau nicht über ihren Hofstaat erhöht, sondern zwischen den Assistenzfiguren zusammengesunken ist. Durch die Anlehnung an diesen zuständlichen Bildtypus und die Einfügung der ›anachronistischen‹ Heiligen wird die erzählerische Seite der Darstellung merklich heruntergestimmt. Hieronymus, Paulus und Petrus grenzen das biblische Geschehen von der Umwelt ab und verhindern gewissermaßen auf diese Weise seine Fortsetzung. So isoliert, wird die Beweinungsszene ihrer Geschichtlichkeit teilweise enthoben. Eine szenische Verbindung der äußeren Heiligen zur *Pietà*-Gruppe hat Botticelli vermieden – sie gehören einer anderen Realitätsebene an. Zusätzlich kontrastiert die Aufgewühltheit der Mittelgruppe mit der kontemplativen Ruhe der hinzugetretenen Heiligen, die sich den dramatischen Moment nur innerlich zu vergegenwärtigen scheinen, als Bild vor ihrem geistigen Auge. Daher waltet in Botticellis Tafel, trotz der Dramatik der Pietà, eine eigentümliche Stille.

Mit der Präsentation des Leibes Christi werden Opfertod, liturgischer Nachvollzug und Erlösungsversprechen in eine unmittelbar einleuchtende Beziehung gesetzt. Weißgolden schimmert die Haut des Leichnams, die Spuren der Passion sind fast unsichtbar – kein geschundener Leib, sondern ein athletischer Körper in ›heroischer‹ Nacktheit. Seine Helligkeit ruft die Assoziation mit der Hostie wach, besonders im Moment ihres Emporhebens, bei der Vorbild und Abbild im Akt des Schauens zusammentreffen. Dieselbe Analogie besteht zwischen dem transparenten Schleier, in dem Christus geborgen ist, und dem eucharistischen *velum*, dem Tuch, mit dem eine direkte Berührung der Hostie verhindert wurde. Das Bild verstetigte die Liturgie zur dauerhaften Empor- und Hervorhebung über dem Altar, der zu einer Art sprechendem Reliquiar wurde, sobald der Priester die geweihte Hostie vor dem Gemälde erhob. Es garantierte die Realpräsenz Christi im Sakrament.

Die Anwesenheit des Apostels Paulus ist durch das Patrozinium der Kirche gedeckt, Hieronymus und Petrus müssen hingegen auf bestimmte Modalitäten der Auftragsvergabe zurückgeführt werden. Ohne die Figur des Petrus könnte die Komposition eine farbliche, figürliche und emotionale Einheit bilden. Welche Funktion also hat der fest aufragende, aus kräftigem Gelb hervorleuchtende heilige Petrus? Der Fels neben ihm wirkt wie ein Eckpilaster mit Würfelkapitell und überdimensionierter Kämpferplatte, abgestimmt auf die kompakte Körperform des Apostels. Die Worte, mit denen Christus seinen Jünger zum Stellvertreter beruft – »Du bist Petrus der Fels, und über diesem Felsen will ich meine Kirche bauen« –, gewinnen durch diesen Zusammenklang eine eigene Anschaulichkeit. Petrus ist als Stellvertreter Christi charakterisiert; Liegen und Stehen, der schärfste Richtungsgegensatz innerhalb des Bildes, macht ihre Zusammengehörigkeit besonders einleuchtend.

Als einzige Figur blickt Petrus auf den heiligen Leichnam, sein Gestus ist der des Priesters beim Sprechen des eucharistischen Hochgebets. Und wie dem Priester fällt ihm die Rolle zu, das historische Geschehen in die liturgische Gegenwart zu überführen. Er ist kein Teilnehmer der Beweinung, sondern betrachtet sie aus räumlicher und zeitlicher Distanz. Wird hier vielleicht auf die Florentiner Ereignisse Bezug genommen? Nach der Ermahnung Girolamo Savonarolas sollte die Versenkung in die Passion zur Umkehr auffordern – in der *Beweinung* fühlt sich sein Namenspatron Hieronymus von diesem Anblick zur Buße aufgefordert. Möglicherweise sollte das Altarbild suggerieren, dass das Petrusamt durch die – von Florenz ausgehende – Erneuerung der Kirche erleuchtet werde. Petrus ist, neben Christus, die am hellsten beschienene Figur des Bildes, ohne dass sich dies aus einer ›natürlichen‹ Lichtregie ergäbe. Wenn Botticelli das Bild um die Mitte der 1490er Jahre gemalt hat, fiel seine Entstehung in eine Zeit, da Savonarola vorübergehend versöhnlichere Töne gegenüber der Kirche anschlug. Der Bußprediger griff den Topos von Florenz als »kleinem Rom« wieder auf, für den sich auch Polizian sehr interessierte. In San Paolino war er mit den Händen zu greifen: Eine Inschrift besagte, dass der Bau von Kaiser Konstantin und Papst Sylvester 335 gegründet worden sei. In der *Beweinung* kommt es zu einer Annäherung von Figurenkomposition und Raumauffassung an die römische Reliefplastik. Damit könnte Botticelli dem spezifischen *genius loci* von San Paolino gehuldigt und ein Bild für eine Kirche entworfen haben, deren *romanitas* unter dem Eindruck der politisch-religiösen Ereignisse von Polizian und anderen als brennend aktuell empfunden worden sein dürfte.

In der Florentiner Kunstgeschichte kam es nach dem Tode Lorenzos il Magnifico 1492 und vollends nach der Vertreibung der Medici 1494 zu einer folgenreichen Zäsur. Die Herstellung von Bildern ging unter dem Eindruck der unsicheren politischen Verhältnisse und der prekären ökonomischen Lage merklich zurück. Kostspielige Altarbilder großen Formats, wie sie Botticelli ein Jahrzehnt lang beschäftigt hatten, mochten sich jetzt weder Privatleute noch Korporationen leisten, öffentliche Aufträge wurden fast zehn Jahre lang nicht mehr erteilt. In der zweiten Hälfte der 1490er Jahre ist Botticelli der einzige Künstler weit und breit, dem es nicht nur gelingt, weiterhin Käufer und Auftraggeber zu finden, sondern auch, die Umstellung seiner Produktion auf Werke für die Privatandacht mit einer enormen künstlerischen Experimentierfreude zu verbinden. Bisweilen scheint es sogar, als habe die ›Privatisierung‹ des Bildes bei ihm zu einer Freisetzung kreativer Energien und zu einer bislang unbekannten Freiheit gegenüber erprobten Bildformeln geführt.

So kommt es, dass die zweite, spätere *Beweinung* mit dem Münchner Gemälde praktisch keine Gemeinsamkeiten hat. Die Aufgabe war hier eine wesentlich andere als bei einem Altarbild, und die künstlerischen Überlegungen zu ihrer Lösung gingen von völlig anderen Ansatzpunkten aus. Die hochrechteckige Tafel stammt vermutlich aus der Florentiner Kirche Santa Maria Maggiore, wo sie ohne liturgische Funktion zur Ausstattung der Panciatichi-Kapelle gehörte. Sie war der heiligen Maria Magdalena geweiht, die

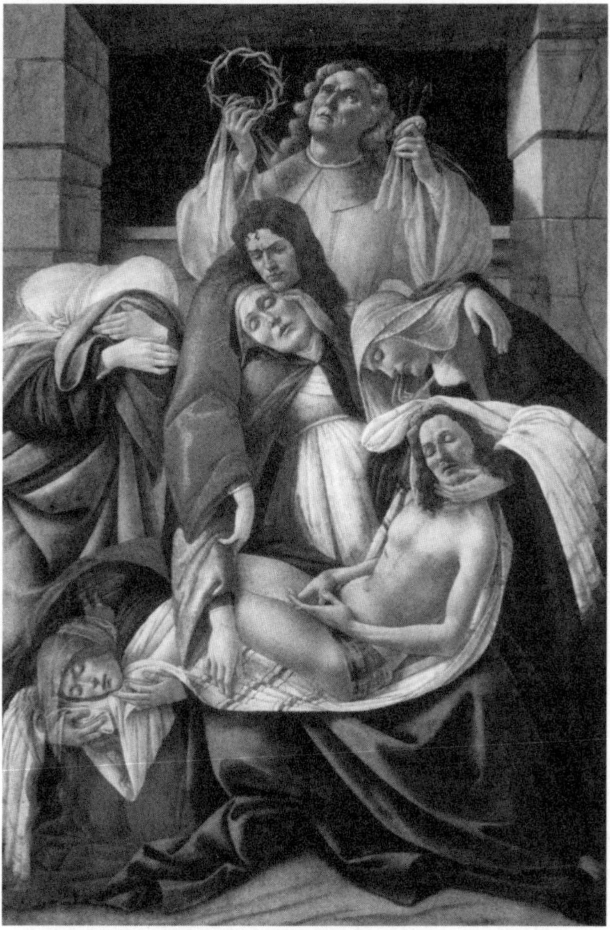

Sandro Botticelli, *Beweinung Christi*, 107 × 71 cm,
Mailand, Museo Poldi Pezzoli, um 1495–1500

sich in der Mailänder *Beweinung*, die Füße des Leichnams Christi liebkosend, am nächsten zum Betrachter befindet. Auf stilkritischer Grundlage wird zumeist von einer Entstehung zwischen 1495 und 1500 ausgegangen.

Im unteren Bildteil stimmt die Zusammensetzung des Bildpersonals mit der *Pietà*-Gruppe in der *Pala di San*

*Paolino* überein. Oben wird es bereichert durch den gelbgewandeten Mann, der Dornenkrone und Kreuznägel emporhält. Der Aufbau des Bildes wird im Wesentlichen von einer Serpentine bestimmt, die über die Figurenwand emporgleitet, sich mit zunehmender Höhe verjüngt und an Vertikalität gewinnt. Dieser lineare Impuls wird konterkariert von zahlreichen Dreiecksformen, die der Komposition eingelagert sind. Da ihre spitzen Winkel nach unten gerichtet sind, steuern sie dem Aufwärtsschwung entgegen und vertreiben jeden Anflug des Melodischen; der triangulär zerlegten Bildoberfläche eignet sogar etwas eigentümlich Zerschnittenes. Die Fragmentierung gibt das formale Äquivalent zur psychologischen Disposition der Charaktere ab, und genauso dem Thematischen verpflichtet ist das herbe Kolorit. An vielen Stellen verstößt Botticelli gegen anatomische Korrektheit, wohl aus der Absicht heraus, den von jeder Verzerrung ausgenommenen, jünglingshaften und fast makellosen Körper Christi (auch hier sind die Wundmale fast unsichtbar) inmitten der teilweise übertriebenen Gesten der Verzweiflung und Trauer hervortreten zu lassen: nicht entstellt, sondern entspannt.

Die zentrale *Pietà* wird von vier Figuren umstellt, die sämtlich vornübergebeugt sind und den Eindruck des Schwerlastenden vermitteln. Der Ausrichtung dieser Gruppe entgegengesetzt ist die Haltung des sich darüber erhebenden Mannes. Er hat seinen Oberkörper zurückgelehnt und rollt die Augen zum Himmel, während alle Figuren unter ihm die Lider gesenkt haben. In Haltung, Kolorit und Beleuchtung abgesetzt von dem abwärts gerichteten Figurenschirm unter ihm, ragt die aufblickende Halbfigur einsam vor dem schwarzen Fond der Grabkammer auf. Die Verschlingung zum Figurenknäuel und die Zerstückelung der Oberflächen weichen hier der Einfachheit der Formulierung. Mit den fast symmetrisch erhobenen Händen hält er die Passionswerkzeuge empor, welche durch transparente Schleier vor direkter Berührung geschützt werden.

Über dem *corpus Christi* erhält sein Gestus einen unmittelbar einleuchtenden Sinn. Doch hebt er Krone und Nägel nicht nur in die Höhe wie ein Priester die eucharistischen Gaben oder heilige Reliquien, sondern präsentiert sie wie Beweisstücke, ohne dass er sein eigenes Tun vollständig verstünde. Sein Gesichtsausdruck ist forschend, aber nicht trauernd. Es ist, als habe er mit den Passionswerkzeugen gerade noch den Himmel anklagen wollen, als sich ein Hoffnungsschimmer über den Ausdruck des Nichtverstehens breitet. Alles unlösbar Komplizierte hat sich hier oben zur einfachen Wahrheit entwirrt, im Opfertod Christi erschließt sich schon die Erlösung. Das Drama der Passion wird nicht verschwiegen, doch ragt mit dieser Figur das Endliche bereits ins Ewige hinein. Durch sie wird aus dem Bild des Jammers ein Bild der Erhebung; sie ist die Schlüsselfigur des ganzen Gemäldes.

Vermutlich handelt es sich um Joseph von Arimathäa, der nach dem Evangelium »auf das Reich Gottes wartete«. Davon ausgehend, hat Botticelli sein Ausschauhalten zum zentralen Merkmal erhoben. Der Ablauf der Passionsgeschichte scheint für diesen Augenblick angehalten worden zu sein, standbildartig sind die Bewegungen der einzelnen Figuren nach Art eines *tableau vivant* zu Posen geronnen. Die Künstlichkeit der Komposition muss Botticelli bewusst einkalkuliert haben: Sie erlaubt es dem Betrachter, sich auf Sein und Sinn des Dargebotenen allein zu konzentrieren, ohne unmittelbare gedankliche Rückbindung an den Gesamtverlauf. Mit dieser Herauslösung aus dem Ablauf der Erzählung kommt das Gemälde der Darstellungsabsicht plastischer Beweinungsgruppen des Nordens nahe, und ›nordische‹ Anklänge haben auch die Überschneidung der Bildränder, die raumverdrängende Präsenz der Figuren und ihre geringe räumliche Schichtung, schließlich auch die beunruhigende Entgrenzung nach vorn. Es ist vielsagend, dass ein Künstler wie Pontormo sich von der Raumkompression und Figurenschichtung des Gemäldes zu seiner phantastischen *Grabtragung* in Santa Felicita anregen ließ. Der tote Christus weist eine erstaunliche Nähe zu Michelangelos 1499 entstandener *Pietà* in Sankt Peter auf, und mehr noch als die *Madonna del Magnificat* bringt diese späte *Beweinung* zu Bewusstsein, dass in Michelangelos *Tondo Doni* die gestalterischen Absichten Botticellis erfüllt werden konnten.

## Kunst ist auch keine Lösung

Die *Verleumdung des Apelles*

Wie die *Geburt der Venus* gehört die kleine, meist um 1495 datierte *Verleumdung des Apelles* zu jener Bildgattung, in der Kunstwerke der Antike auf der Grundlage von Beschreibungen antiker Autoren gleichsam wiedererstehen. Hier wurde ein verlorenes Gemälde des Apelles zu neuem Leben erweckt; es war aus einer Beschreibung Lukians bekannt, die Alberti wiederaufgegriffen hatte. Botticelli wurde zu Lebzeiten mehrfach mit diesem griechischen Maler verglichen, und es ist naheliegend, dass ihn das Bildthema zu einem imaginären Wettbewerb mit dem berühmten Vorgänger reizte. Das Bild ist vermutlich ohne Auftrag entstanden, Botticelli soll es einem befreundeten Bankier namens Antonio Segni gegeben haben. Über »Zeuxis pittore«, einen weiteren Malerfürsten der Antike, berichtet Alberti, dass er seine Werke zu verschenken begann, weil ihr Wert unschätzbar geworden war. Die Zueignung des

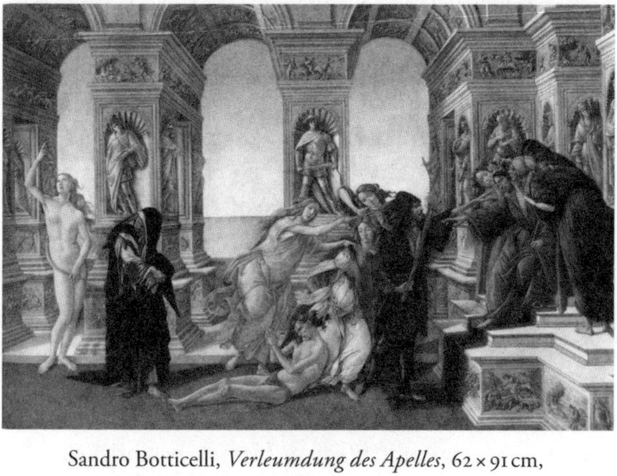

Sandro Botticelli, *Verleumdung des Apelles*, 62 × 91 cm, Florenz, Uffizien, um 1495

Bildes an Antonio Segni war offenbar nicht nur ein Akt der Freundschaft, sondern auch Ausdruck eines neuartigen künstlerischen Selbstwertgefühls.

Apelles hatte seinem Gemälde einen selbstbezüglichen Sinn verliehen. Es prangerte eine Situation an, in die er ohne eigenes Verschulden geraten war: Von seinem Künstlerkollegen Antiphilos war er beschuldigt worden, an einem Komplott gegen den ägyptischen König Ptolemäus IV. beteiligt zu sein. Bereits zum Tode verurteilt, wurde er im letzten Moment von einem Mitverschwörer entlastet; kurz nach der Rehabilitation entstand das allegorische Bild, das Apelles dem König schenkte, woraufhin er seinerseits von Ptolemäus überreich beschenkt wurde. Die Komposition, mit der Botticelli die verlorene Malerei evoziert, wird charakterisiert durch die Zweiteilung in eine friesartige Figurenkette auf bühnenartigem Vordergrund und eine unerhört prächtige, mit Marmorstatuen und Bronzereliefs geschmückte Pfeilerarchitektur, die den Part einer *scenae frons* übernimmt. Die szenographische Struktur des Bildes ist möglicherweise von zeitgenössischen Festgerüsten einschließlich der beliebten ›lebenden Bilder‹ inspiriert; so lassen sich möglicherweise die in ihrer Heftigkeit merkwürdig ›eingefrorenen‹ Bewegungen erklären.

Durch die tonnengewölbte Loggia hindurch fällt der Blick auf die grüne Fläche des Meeres und einen makellosen Himmel. 1493 oder 1494 war Simone Botticelli nach fast vierzig Jahren aus Neapel zurückgekehrt; mit ihm wohnte Sandro ab 1495 zusammen. Der Bruder könnte die Idee einer Bogenhalle vor dem Meer angeregt haben: In Neapel herrschte infolge des unter den Aragonesen wiederbelebten Parthenope-Mythos eine einzigartige Beziehung zum Meer; dort entstanden auch die ersten neuzeitlichen Villen mit Bogenhallen, die sich zu der maritimen Kulisse hin öffneten. Überdies hatte Philostrat die Loggia eines neapolitanischen Hauses beschrieben, die nicht weniger als 65 Gemälde beherbergte. Das Bild hat, in seiner Gegenüberstellung von Wasserspiegel und antikischer Pracht, ein für Florenz sehr untypisches mediterranes Gepräge. Obwohl man nur des Meereshorizontes gewahr wird, hat man die unmittelbare Assoziation des in völliger Ruhe daliegenden Meeres – man vergleiche dagegen noch das schilfbestandene Ufer in der *Geburt der Venus*!

Vor dieser Stille nimmt sich das Geschehen im Vordergrund umso geräuschvoller aus. Blitzartig scheint sich die Figurenhandlung zu vollziehen, wobei die Architekturkulisse dem furiosen Treiben einen sonoren Klang entgegensetzt. Links werden die stärksten Gegensätze kontrastiert, eine nach oben gereckte, nackte junge Frau und eine in schwarz-graue Gewänder gehüllte Alte in gebückter Haltung: Personifikationen der Wahrheit und der Reue. Rechts daneben befinden sich weitere allegorische Figuren. Schöne junge Frauen in farbenprächtigen Kleidern sind sowohl die Verleumdung, die als Opfer einen nahezu unbekleideten jungen Mann mit bittend erhobenen Armen an seinen Haaren hinter sich herschleift und in der anderen Hand eine Fackel trägt, als auch Arglist und Betrug, die der Verleumdung Blumen und Bänder ins Haar flechten, um ihre täuschende Schönheit noch zu erhöhen.

Diese mittlere Gruppe wird nach rechts abgeschlossen von der Figur des Neides, eines bärtigen, zerlumpten Gesellen von finsterem Aussehen. Seine linke Hand hat er um das Handgelenk der Verleumdung gelegt, während sein ausfahrender Arm zur dritten Gruppe überleitet. Sie befindet sich rechts erhöht auf einem Podest; ihren Mittelpunkt bildet ein thronender Herrscher, der auf die gebietende Geste des Neides mit einer gegenläufigen Bewegung reagiert: Scheu streckt er seine Hand aus, um von der düsteren Gestalt wie von einem Priester bei der Eheschließung mit der Verleumdung verbunden zu werden. Der Herrscher ist schlecht beraten, denn seine Eselsohren – als Kennzeichen mangelnder Urteilskraft – haben die Personifikationen des Misstrauens und der Unwissenheit fest im

Griff; offensichtlich ist er ihren Einflüsterungen erlegen. Jede der drei Gruppen wird rechts von einer dunklen Figur abgeschlossen; die Dreiergliederung der Architekturkulisse wird auf diese Weise wiederholt, allerdings verschoben und somit die Bewegungsrichtung unterstützend.

Sämtliche Figuren kommen auch in der Bildbeschreibung Lukians vor. Eine Neuerfindung des Malers ist hingegen die aufwendige, von Giuliano da Sangallo inspirierte Bildarchitektur samt ihrem bauplastischen Schmuck. Die Statuen in den Muschelnischen sind teilweise zu identifizieren; sie zeigen altbiblische oder christliche Helden und Heilige. Die Themen der 56 sichtbaren Reliefs sind nur zum Teil entschlüsselbar und stammen aus dem griechischen Sagenkreis, der römischen und biblischen Geschichte, von Lukian, Dante und Boccaccio. Mehrmals werden in den Reliefs Kunstwerke der Antike ›wiederhergestellt‹, die aus Beschreibungen überliefert waren. Ob dieser Mixtur aus religiösen, mythologischen, historischen und künstlerischen Themen ein kohärentes Programm zugrunde lag, ist eine offene Frage; auf jeden Fall besteht ein thematischer Bezug zur Kunst der Antike und der Malerei Botticellis – mehrere Reliefs zeigen Szenen, die er zuvor in Gemälden behandelt hatte.

Mit der üppigen architektonischen Einbettung befolgt Botticelli das Gebot der historischen Angemessenheit. Die dargestellte Episode soll sich im hellenistischen Alexandrien abgespielt haben, also entwirft er ein Gemälde, das wie die alexandrinische Poesie im höchsten Maße selbstreflexiv ist. Nicht nur Thema und Schauplatz – unter den zahlreichen Malern der *Verleumdung* ist Botticelli der einzige, der mit dem Meeresausblick einen topographischen Bezug zum ptolemäischen Königspalast herstellt – sind ›alexandrinisch‹: Indem er die Begebenheit als große Beschreibung konzipiert, in die viele kleine, aus der Antike bekannte Schilderungen integriert sind, schafft er eine Malerei über Malerei – ganz im Sinne der alexandrinischen

Dichtung, deren diskursive Erörterung ebenfalls im Medium der Dichtung erfolgte. Die Gedichte von Theokrit, Kallimachos oder Apollonius sind Theorie und Praxis zugleich, so wie diese Poeten zugleich auch Philologen waren. In der alexandrinisch-hellenistischen Dichtung hat auch die Bildbeschreibung, als literarisches Genre ihren Ursprung. Theon definiert im 2. Jahrhundert v. Chr. die *ekphrasis* als »beschreibenden Text, der das Mitgeteilte energisch vor Augen führt«. Die alexandrinische Synthese von Philologie und Dichtung lässt augenblicklich an Polizian denken, der vielleicht als Einziger in der Lage gewesen wäre, Botticelli dieses Wissen zu vermitteln.

Darin eingeschlossen ist der Bezug zur Malerei und Plastik des 15. Jahrhunderts; Botticelli kreiert eine Summe der antiken und modernen Kunst. Wie die toskanische Dichtung von Dante bis Polizian regelmäßig ältere Sprachschichten aktiviert, wie dort Liebesdichtung immer zugleich Erinnerung an Ereignisse und an frühere Dichtung ist, so geht Botticelli auch hier nach einem selbstreflexiven Prinzip vor. Der Stoff legte eine autopoetische Sinngebung geradezu nahe, denn schon in dem verlorenen Gemälde, auf das hier Bezug genommen wird, sprach der antike Künstler über sich in seinem Werk. Umso mehr muss dies gelten, wenn ein moderner Künstler um diese ursprüngliche Referenz auf das eigene Leben weitere Referenzrahmen legt – durch die bildliche Ekphrasis einerseits, durch das Einspielen zahlreicher Bilder im Bild andererseits. Die ›Manieriertheit‹ der *Verleumdung*, aber auch die kunstbezogene Ikonographie dieses Gemäldes demonstrieren, dass die künstlerische Tätigkeit nicht von der Natur ausgehen muss. Der hintere der beiden Pfeiler im Rücken der Figur der Reue ist an seiner Plinthe mit einem Relief geschmückt, in dem ein Affe mit einer Maske spielt; das niedere ›Nachäffen‹ – *ars simia naturae* – wird mit der Nachahmung nicht der Phänomene, sondern der ihnen zugrundeliegenden Ideen konfrontiert: *imitatio* versus *mimesis*.

Alberti war in seiner Schrift *De Pictura* (1435) in wichtigen Punkten von der Beschreibung Lukians abgewichen, um die Allegorie des Apelles zu einer *historia* umzudichten, weil er diese Gattung für das höchste Ziel der Malerei hielt. Die *Verleumdung* Botticellis, der den griechischen Originaltext kannte, ist nur auf den ersten Blick die Nacherzählung einer Geschichte. Die Raumschichten des Bildes werden zum Ersten von der zeitlos-unbewegten See eingenommen, die so unvergänglich, immateriell und rein wie die Linie des Horizonts ist. Zum Zweiten werden sie von dem Gebäude und seinem Schmuck aus den dauerhaften Materialien Marmor und Bronze bestimmt, von Menschenwerk also, das auf die Nachwelt spekuliert; und zum Dritten schließlich von dem augenblicklichen, vorübergehenden Ereignis in der vordersten Ebene. Der Einbruch des Zeitlichen ist das Feld der Malerei, hier sind die Farben, die Komposition, die Bewegung.

Nun lohnt die Frage, wer eigentlich in die Bewegung einbezogen ist. Zusammengenommen bildet die Figurenkette einen geschlossenen Kreislauf, dessen äußere Begrenzungen von der Reue links und der Unwissenheit rechts gebildet werden. Die Wahrheit ist als einzige Figur aus diesem Kreislauf ausgeschlossen. Sie kommt mit der Bewegung, also mit der Zeit, ans Licht (*veritas filia temporis*), ist aber von ewiger Substanz. Botticelli gibt sie nicht als Schreitende, die sich der Reue nähert, wie sie sowohl von Lukian als auch von Alberti beschrieben wird, sondern als statuarisch Stehende, nach der sich die Reue umdreht. Sie weist den Weg in höhere Regionen als diejenigen, wo sich die unwürdige Mischung aus Neid, Verleumdung und Wankelmut abspielt und permanent erneuert. Ihr Fingerzeig findet seine Fortsetzung in der Arkade, die den Blick auf das Meer als Metapher der Unendlichkeit rahmt. Die *historia* ist auf die Wetterwendigkeit der Zeitläufte gegründet, auf vergängliche Zufälle; hier enthüllt sie, im kompositionellen wie im ikonographischen Sinne, ihr trügerisches

Gesicht. Die Vergegenwärtigung einer vergänglichen Episode kann nicht das letzte Ziel der Kunst sein, sondern nur die unvergängliche Wahrheit. In Botticellis Bild steht sie isoliert da und wird unmittelbar als Mahnerin empfunden.

Auch dieses Gemälde hat zahlreiche, teilweise weit auseinanderklaffende Deutungen erfahren. Als kulturpolitische Stellungnahme gegen Savonarola wurde es verstanden, aber auch als Verteidigung des Bußpredigers gegen seine Verleumder in Florenz und Rom, als republikanische Propaganda nach der Vertreibung der Medici, als Selbstverteidigung des Malers gegen eine anonyme Anklage, als Verteidigung seines Freundes Antonio Segni gegen ungerechte Beschuldigungen, als moralisches Erbauungsbild für ein Studierzimmer, dessen Besitzer folglich der ›Adressat‹ wäre. Doch die wichtigste Botschaft des Gemäldes lautet, dass menschliche Gerechtigkeit falsch sein kann und abhängig von wechselnden Situationen ist, die göttliche Gerechtigkeit hingegen unparteiisch und von ewigem Bestand. Der Struktur *Verleumdung des Apelles* ist eine Bedeutung eingeschrieben, durch welche die Handlung nur mehr allegorischen Wert besitzt; sie wird zum Bild einer Psychomachie, eines seelischen Kampfs zwischen emporhebenden und hinunterziehenden Kräften. Es ist die klassische Einkleidung eines ewigen Themas, hinter der jede mögliche Deutung aus den Zeitumständen zurücktreten muss.

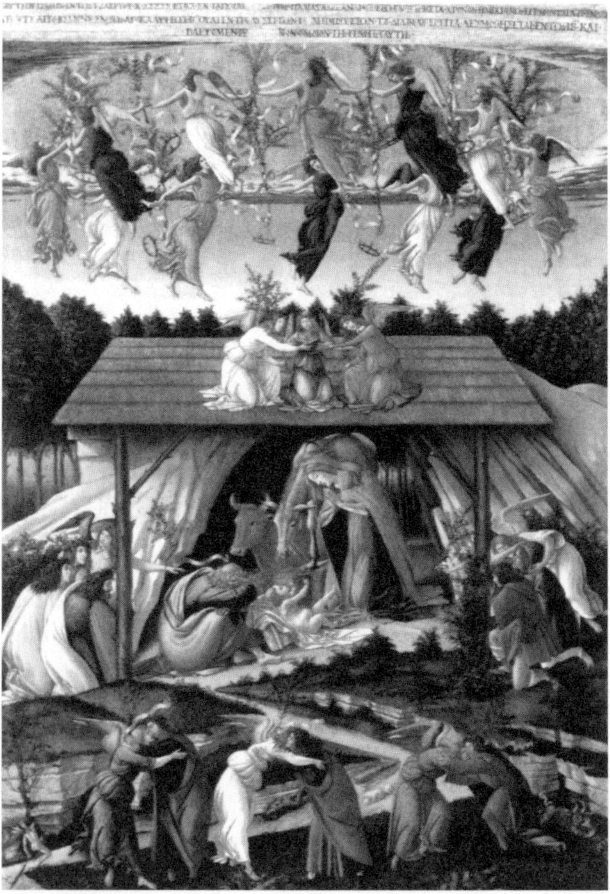

Sandro Botticelli, *Mystische Weihnacht*, 108,5 × 75 cm,
London, National Gallery, 1501

## Ein Kuckucksei im Nest der Kulturgeschichte

### Savonarola unterliegt dem ästhetischen Verlangen

Dank Vasaris historischen Unkorrektheiten konnte die Schaffenszeit Botticellis in zwei gleich lange Phasen aufgespalten werden: Zwischen 1470 und 1490 von den Medici protegiert, hätte dieser Zeitraum als die ›humanistische‹ Periode im Werk des Malers zu gelten. Danach, bis zu seinem Tod 1510, soll er im Banne Savonarolas gestanden haben, die milden Ideale von einst gegen die fanatischen Überzeugungen des Bußpredigers eintauschend. Im 19. Jahrhundert war dieser vermeintliche Bruch überhaupt der Anlass, sich dem Maler nach Jahrhunderten der Vernachlässigung wieder zuzuwenden. Weil das leitende Interesse der wissenschaftlichen Beschäftigung mit seinem Werk anfangs überwiegend dem Sittlichen galt, wirkt die von Vasari begründete Vorstellung – und Faszination – einer ›Bekehrung‹ des Künstler bis heute fort. Seine lange Zeit für bare Münze genommene Behauptung, dass Botticelli unter dem Einfluss Savonarolas aufgehört habe zu malen und in lebensbedrohliche Not geraten sei, kann aber definitiv zurückgewiesen werden.

Trotz der unsicheren politischen und prekären ökonomischen Verhältnisse in dieser für Florenz so schwierigen Zeit mehrte der Maler den familiären Wohlstand und pflegte die Kontakte zu seinen alten Auftraggebern, ob diese nun zu Gegnern oder zu Parteigängern Savonarolas geworden waren. Selbst wenn Botticelli zu den Anhängern – den sogenannten *piagnone* – gezählt hätte, worüber wegen der spärlichen Überlieferung nicht entschieden werden kann (anders als bei seinem Bruder Simone, einem erklärten *piagnone*), so wäre dieser Umstand nur dann relevant, wenn sich ein manifester Einfluss Savonarolas auf Stil und Ikonographie seiner Gemälde nachweisen ließe. Freilich kontrastierten die Positionen des Kirchenmannes und des

Malers in vielerlei Hinsicht, und zwar stilistisch ebenso wie ikonographisch und konzeptionell. Wo es hin und wieder doch zu gewissen Übereinstimmungen kommt, sind diese mit gemeinsamen kulturellen Voraussetzungen zu erklären, nicht mit einer irgendwie gearteten Abhängigkeit.

Dass Botticelli und seine Werkstatt nach 1490 wiederholt den Themenkreis der Passion aufgegriffen haben, mag von Savonarolas Plädoyer für die Darstellung des leidenden Christus angeregt gewesen sein – freilich nur indirekt, denn die Themenwahl oblag bekanntlich in den seltensten Fällen dem Künstler. Daneben gilt es zu bedenken, dass Savonarola in den wenigen Äußerungen zur Kunst weder Anweisungen erteilte noch eine eigene Kunstlehre formulierte oder über ein ästhetisches System verfügte – er stand den bildenden Künsten seiner Zeit weitgehend gleichgültig gegenüber. Der Mönch war kaum dazu geeignet, auf Gestaltungsweisen – etwa auf kompositionelle Entscheidungen oder die Figurenauffassung – Einfluss zu nehmen, es sei denn in der Wahl der Bildgegenstände. Seine Aufmerksamkeit war darauf gerichtet, den Luxus im privaten Bereich und die persönliche Selbstdarstellung im Kirchenraum zu bekämpfen. Spezifische Empfehlungen zu dem, was wir den Stil eines religiösen Gemäldes nennen würden, sind nicht überliefert.

Vergleicht man aber einmal die wenigen Kriterien, die Savonarola selbst an die formale Gestaltung legte, mit Botticellis Stilentwicklung seit den 1480er Jahren, so wird man sehr bald ihrer Unvereinbarkeit gewahr. Savonarola favorisierte eine möglichst einfache Naturnachahmung und verurteilte die »cose artificiate«, die erkünstelten Dinge in der Kunst; für die Idee einer ›Verbesserung‹ der Natur, für eine idealisierende Auffassung also, ist von dieser Seite kaum Zustimmung zu erwarten. Dem schlichten *imitatio*-Konzept Savonarolas widersprach das immer schärfer hervortretende Bekenntnis Botticellis zur Künstlichkeit der Form, zu Virtuosität und Abstraktion. Letztlich verstößt sogar die *Mystische Weihnacht* in der Londoner National Gallery, die von jeher als ›Beweis‹ für Botticellis Savonarolismus angesehen wird, gegen die Prinzipien des Frate: Die Hermetik dieses Werkes entzieht sich in eklatanter Weise der Forderung nach leichter Zugänglichkeit. Savonarola ruft nach ikonographisch eingängigen Bildformeln; der Vortrag soll gut lesbar und leicht verständlich sein, damit die Bilderzählung ihren Sinn als Bildbelehrung erfüllen kann. In dieser Hinsicht entspricht die *Mystische Weihnacht* ganz und gar nicht den Erwartungen des Frate an die Kunst: Seine Symbolik und Esoterik auf der inhaltlichen, seine Kleinteiligkeit und Preziosität auf der formalen Seite haben alles andere als ›pädagogischen‹ Charakter.

Gegenüber dieser betont verrätselten Allegorie leitet sich die *Mystische Kreuzigung* des Fogg Art Museum in Cambridge, Massachusetts, unzweifelhaft von Savonarolas Bußaufrufen her. Das Bild drängt den Betrachter geradezu, die Bildgegenstände auf einzelne Textstellen zurückzuführen. Es wurde nicht geschaffen, um Andacht oder Verehrung zu wecken; angesichts seiner plakativen Erscheinung ist das Überwiegen einer politischen Motivation eindeutig. Es handelt sich um ein Propagandabild von begrenztem künstlerischen Wert. In den Bildern der *Beweinung* in München und Mailand, die häufig auf eine Inspiration durch den Bußprediger zurückgeführt wurden, steht die Ohnmacht der Jungfrau im Widerspruch zu der von Savonarola vertretenen Meinung, Maria habe aufrecht und standhaft ausgehalten, ohne die Fassung zu verlieren, denn als vom Heil Erleuchtete habe sie von der Passion im Voraus gewusst. Die Inkongruenzen zwischen der Ikonographie der Gemälde und dem Inhalt der Predigt sind nicht zu übersehen.

Etwa gleichzeitig mit der Vollendung der *Marienkrönung* heißt es 1493 in einer Predigt Savonarolas, auch der perfekteste Künstler könnte die Natur niemals in jeder Hinsicht, »per omnia«, imitieren. Von einer solchen Zielsetzung hatte sich die Malerei Botticellis jedoch längst entfernt. In den Altarbildern galt sein Streben nicht der Reproduktion des Sichtbaren, sondern der Verhältnisbestimmung von Irdischem und Göttlichem. Dieses Darstellungsproblem wurde durch die Begründung einer eigenen Wirklichkeit im Werk gelöst. 1506 definierte der Florentiner Maler Francesco Lancilotti die Malerei als »un altro Iddio e un'altra natura«, einen zweiten Gott und eine zweite Natur. Auf diese Weise könne sie selbst gnadenreich wirken, da durch sie – und nur durch sie! – die Vergegenwärtigung Gottes geleistet werde. Die Mittlerfunktion des religiösen Bildes ist in der Malerei der Renaissance nicht etwa herabgesetzt worden. Savonarola stand auf verlorenem Posten, als er gegen jegliche Wertschätzung der Kunst um des Künstlerischen willen (gegen das »artificio«) seine Stimme erhob. Die Ästhetisierung religiöser Erfahrung zog nicht die Banalisierung der religiösen Inhalte nach sich.

Botticelli hatte zwischen 1484 und 1494 die wichtigsten Altarbilder in Florenz geschaffen, die der Folgegeneration entscheidende Impulse vermittelten. Dabei ist es nicht so, dass sich seine Malerei gegenüber ihrer religiösen Funktion emanzipiert hätte oder ganz selbstbezüglich nur noch ihre eigenen Gesetze reflektierte. Für ein Auseinandertreten von ›Bild‹ und ›Kult‹ gibt es keine Anzeichen, sondern: Das Ästhetische erscheint mit dem Religiösen. Die grundsätzliche Zusammengehörigkeit dieser beiden Kategorien widerlegt jene Behauptungen, denen zufolge der ›alte‹ Offenbarungsanspruch der sakralen Kunst durch eine ›neue‹ Eigenwirklichkeit des Werkes (seinen ›Kunstwert‹) verdrängt worden sei. In den Altar- und Madonnenbildern Botticellis wird die Kunst selbst religiös in dem Sinne, dass ihr sinnstiftendes Potential nicht geringer ist als das der rituellen Vergegenwärtigung und ihr geistiger Anspruch dem der philosophisch-theologischen Spekulation nicht nachsteht. So sind diese Werke besonders geeignet für den Nachweis, dass Savonarolas Äußerungen nicht auf die aktuellen Bestrebungen der Florentiner Kunst reagieren.

## Ironie überlebt die Moral, aber die Liebe wird lächerlich

*Venus und Mars*

Im *Leben des Piero di Cosimo* berichtet Vasari von einem wandfesten Zyklus (einer sogenannten *spalliera*) mit »bacchischen Szenen«, die dieser Maler für das Haus Giovanni Vespuccis geschaffen habe. Über Botticelli sagt er fast dasselbe, nur dass er kein Sujet angibt. Den Palast in der Via de' Servi in Florenz hatte Guidantonio Vespucci im Jahr 1499 erworben; der Anlass für den Auftrag könnte die 1500 erfolgte Eheschließung seines Sohnes Giovanni gewesen sein. Schon früh wurden die von Vasari erwähnten Bilder mit zwei Tafeln Botticellis in Bergamo und Boston identifiziert, die römische Historien zeigen, genauer: die *Geschichte der Virginia* und der *Geschichte der Lucretia*. Doch bei einem erklärten Medici-Anhänger und erbitterten Gegner Savonarolas wie Guidantonio Vespucci wäre eine so dezidiert republikanische Ikonographie, wie sie diese Tafeln enthalten, kaum zu erklären. Als geeignetes Werk für den Auftrag von 1499/1500 kommt am ehesten Botticellis *Venus und Mars* in Frage; möglicherweise schufen er und Piero di Cosimo im Palazzo Vespucci gemeinsam einen größeren Zyklus. Auf die Familienheraldik der Auftraggeber scheinen die Wespen, italienisch *vespe*, neben dem Haupt des schlafenden Mars anzuspielen. Das Gemälde wäre damit nicht um 1483 entstanden, wie meistens angenommen wird, sondern erheblich später.

Die spätere Datierung lässt sich freilich sowohl stilkritisch als auch ikonographisch begründen. Die Verhärtung der Formen, die gesteigerte Bedeutung der Konturen, die geometrisierende Tendenz in der Körperwiedergabe, die merkwürdige ›Knochenlosigkeit‹ von Venus' rechter Hand und linkem Fuß, die anatomischen und perspektivischen

Verzerrungen, eine gewisse Eckigkeit der Faltenbildung, der eigentümliche Glanz des Inkarnats, der Verzicht auf malerische Verschleifung und malerisches Beiwerk, die radikale Simplifizierung und Kompression des Bildraumes, die weitgehende Entleerung des Hintergrundes sind allesamt Stilmerkmale, die im übrigen Œuvre Botticellis frühestens seit der um 1494 datierten *Beweinung* aus San Paolino vorkommen. Für eine Entstehung in zeitlicher Nachbarschaft zur *Primavera* lassen sich demgegenüber kaum stilistische Indizien finden. Die ausgesprochen witzige Interpretation des Mythos steht den mythologischen Gemälden Pieros di Cosimo für die Vespucci auffallend nahe, wo im übrigen dieselben Wappentiere auftauchen (die Bienen in der *Entdeckung des Honigs* wurden im Renaissancelatein ebenfalls als »vespae« bezeichnet).

Botticellis Gemälde setzt die Macht der Venus über Mars in Szene und damit der Liebe über den Krieg, vielleicht auch der weiblichen über die männlichen Tugenden. Die Idee einer ›Domestizierung‹ männlicher Triebhaftigkeit durch den Ehestand liegt diesem Gemälde aber wohl nicht zugrunde; viel eher ist das Thema die Abwesenheit männlicher Lust, die den Fortbestand der Familie gefährden kann. Der passive Kriegsgott wird daher, vom Blick seiner Geliebten wie vom Treiben der kleinen Satyrn, der Lächerlichkeit preisgegeben. Während seine Rüstung und Waffen zu Spielzeugen umfunktioniert werden, beobachtet Venus mit Wohlgefallen, wie einer der kleinen Lüstlinge sich anschickt, Mars mit dem Muschelhorn augenblicklich aus seinem Schlaf zu reißen. Es geht darum, den müden Geliebten anzustacheln (die Nähe der Wespen zu seinem Kopf!), denn der Liebesakt steht anscheinend erst noch bevor; darauf deutet die Angezogenheit der Venus hin. Möglicherweise ist es als Zeichen ihrer Ungeduld zu werten, dass sie mit der linken Hand an ihrem Gewand nestelt. Die Kombination von Lanze und Muschel lässt an sexueller Assoziationskraft nichts zu wünschen übrig, desgleichen die

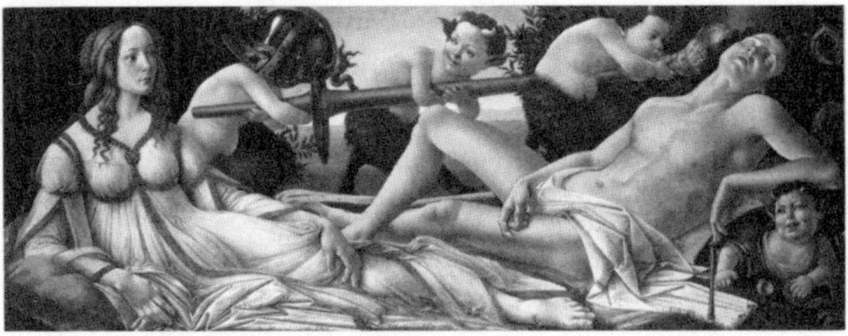

Sandro Botticelli, *Venus und Mars*, 69 × 173 cm,
London, National Gallery, 1499/1500

schlaff herunterhängende Hand vor dem Schoß des Schlafenden. Die Parierstange, die von seinem linken Mittelfinger in der Senkrechten gehalten wird, bringt den Abstand zwischen Wunsch und Wirklichkeit mit emblematischer Deutlichkeit zu Bewusstsein.

Dass sich unter dieser ironischen Direktheit noch andere, philosophische Sinnschichten verbergen, ist vermutet worden; anders als in den großen mythologischen Allegorien wären sie hier jedoch nicht in die Bildstruktur eingegangen, blieben also rein literarische Zutat. Vielleicht hieße es, dem dekorativen Genre der *spalliera* zu viel zuzutrauen, wollte man neuplatonische Vorstellungen des entwaffnenden Eros oder der Harmonie der Gegensätze in der *concordia discors* in dieses Gemälde hineintragen. Vielmehr scheint sein humoristischer Charakter dem kaustischen Naturell Botticellis besonders entsprochen zu haben. Dies hat den Maler nicht vom Wettstreit mit der Antike abgehalten, den er hier mit einem von Lukian überlieferten Gemälde des Aëtion führt. Es stellte zwar Roxane und Alexander den Großen dar, enthielt aber viele Details, die in Botticellis Gemälde wiederaufleben, und war in den Bezugsrahmen von Liebe und Heirat eingebettet. Die erzählerische Grundlage lieferten Homer und Ovid, weitere Präzisierungen finden sich bei Lukrez und Polizian.

Mars und Venus waren das klassische Liebespaar schlechthin, doch ihre Liaison läuft am Ende auf Überführung und

Verspottung durch die versammelten Götter hinaus. Das bekannte Ende der Liebesgeschichte hat womöglich mit zu der ironischen Distanz beigetragen, die Botticellis Umgang mit dem Mythos hier zu eigen ist. Ohne eine dezidiert antikische Einkleidung zu entwerfen, erborgte er das Motiv der beiden Liegefiguren von einem römischen Sarkophagrelief, das die lagernden Figuren von Bacchus und Ariadne zeigt. Mit der formalen Anleihe ist auch ein Teil der Bedeutung mit in das neue Bild übertragen worden, denn das Motiv des Reliefs entstammt wiederum der Hochzeitsikonographie. Die begleitenden Putten sind in dem antiken Relief – wie auch in der Beschreibung Lukians – jedoch Amoretten, während Botticelli seine spitzbübischen bis hanswurstigen Kindsgestalten als naturgebundene Mischwesen aus Mensch und Tier darstellt. Hinzu kommt, dass die Beinstellung der Venus, wenn auch schwierig durchschaubar, von einem marmornen *Hermaphroditen* abhängt, der in Florenz schon zur Zeit Ghibertis bewundert wurde.

Die antike Venus-Sage kreist ganz und gar um körperliche Lust und Verschmelzung; als Subtext erhöht sie die Aufladung des Gemäldes mit ziemlich vordergründiger Erotik. Dementsprechend ist höchst fraglich, ob hier auf etwas anderes als Erwartung und Erfüllung der leiblichen Liebe angespielt wird. Die moralische Befrachtung scheint vielmehr dem spielerischen Umgang mit den antiken Quellen einerseits, ihrer parodistischen Interpretation andererseits gewichen zu sein. In den Savonarola-Jahren war den Florentinern das Lachen offenbar nicht vergangen, und auch Botticelli hatte seinen vielgerühmten Witz nicht verloren. Den früheren Mythologien war eine gewisse intellektuelle Überspanntheit nicht abzusprechen. Hier nun ist der philosophische Zweifel dem homerischen Gelächter gewichen.

# Bibliographische Note

**Vasaris Vita:**

Giorgio Vasari: *Das Leben des Sandro Botticelli, Filippino Lippi, Cosimo Rosselli und Alesso Baldovinetti.* Herausgegeben von Alessandro Nova u.a., übersetzt von Victoria Lorini, kommentiert von Damian Dombrowski, Anja Zeller und Michael Hoff, Berlin 2010

Richard Stapleford: ›Vasari and Botticelli‹, in: *Mitteilungen des Kunsthistorischen Institutes in Florenz*, 1995, Bd. 39, S. 397–408

**Werkverzeichnisse:**

Ronald Lightbown: *Sandro Botticelli*, 2 Bde., London 1978

Nicoletta Pons: *Botticelli. Catalogo completo*, Mailand 1989

Caterina Caneva: *Botticelli. Catalogo completo dei dipinti*, Florenz 1990

Frank Zöllner: *Sandro Botticelli*, München [et. al.] 2005

**Monographien:**

Hermann Ulmann: *Sandro Botticelli*, München 1893

Herbert P. Horne: *Alessandro Filipepi Commonly Called Sandro Botticelli, Painter of Florence*, London 1908

Jacques Mesnil: *Botticelli*, Paris 1938

Ronald Lightbown: *Sandro Botticelli. Leben und Werk*, München 1989

Alessandro Cecchi: *Botticelli*, Mailand 2005

Hans Körner: *Botticelli*, Köln 2006

Ulrich Rehm: *Botticelli. Der Maler und die Medici. Eine Biographie*, Stuttgart 2009

**Zu den religiösen Gemälden:**

Roberta J. M. Olson: *Studies in the Later Works of Sandro Botticelli.* Diss. Princeton, N. J. 1975, 2 Bde., Ann Arbor 1976

Paul Joannides: ›Late Botticelli: Archaism and Ideology‹, in: *Arte cristiana*, 1995, Bd. 83, S. 163–178

Andrew C. Blume: *Studies in the Religious Paintings of Sandro Botticelli*, Ann Arbor 1996

Charles Burroughs: ›The Altar and the City: Botticelli's 'Mannerism' and the Reform of Sacred Art‹, in: *Artibus et historiae*, 1997, Bd. 36, S. 9–40

Roberta J. M. Olson: *The Florentine Tondo*, Oxford 2000

Damian Dombrowski: *Sandro Botticellis religiöse Gemälde. Malerei als 'pia philosophia'*, München/Berlin 2010

**Zu den Fresken der Sixtinischen Kapelle:**

Ernst Steinmann: *Die Sixtinische Kapelle*, Bd. 1: *Bau und Schmuck der Kapelle unter Sixtus IV.*, München 1901

Johannes Wilde: ›The Decoration of the Sistine Chapel‹, in: *Proceedings of the British Academy*, 1958, Bd. 44, S. 62–81

Leopold D. Ettlinger: *The Sistine Chapel before Michelangelo: Religious Imagery and Papal Primacy*, Oxford 1965

Carol F. Lewine: *The Sistine Chapel Walls and the Roman Liturgy*, University Park, Pa. 1993

*The Fifteenth Century Frescoes in the Sistine Chapel*, hgg. von Francesco Buranelli und Allen Duston O. P., Vatikanstadt 2003

**Zu den mythologischen und allegorischen Gemälden:**

Aby Warburg: *Sandro Botticelli's 'Geburt der Venus' und 'Frühling'. Eine Untersuchung über die Vorstellungen von der Antike in der italienischen Frührenaissance*, Hamburg 1893

Ernst H. Gombrich: ›Botticelli's Mythologies: A Study in the Neo-Platonic Symbolism of his Circle‹, in: *Journal of the Warburg and Courtauld Institutes*, 1945, Bd. 8, S. 7–60

Salvatore Settis: ›*Citarea* 'su una impresa di bronconi'‹, in: *Journal of the Warburg and Courtauld Institutes*, 1971, Bd. 34, S. 135–177

Mirella Levi d'Ancona: *Botticelli's Primavera. A botanical interpretation including astrology, alchemy, and the Medici*, Florenz 1983

*La Nascita di Venere e l'Annunciazione del Botticelli restaurate*, Florenz 1987

Charles Dempsey: *The Portrayal of Love: Botticelli's Primavera and Humanist Culture at the Time of Lorenzo the Magnificent*, Princeton, N.J. 1992

Nicole Lévis-Godechot: ›La Primavera et la naissance de Vénus ou le cheminement de l'âme selon Platon‹, in: *Gazette des Beaux-Arts*, 1993, Bd. 121, S. 167–180

Liana De Girolami Cheney: *Botticelli's Neoplatonic Images*, Potomac, Md. [2]1993

Joanne Snow-Smith: *The Primavera of Sandro Botticelli. A Neoplatonic Interpretation*, New York u.a. 1993

Rohlmann, Michael: ›Botticellis 'Primavera'. Zu Anlaß, Adressat und Funktion von mythologischen Gemälden im Florentiner Quattrocento‹, in: *Artibus et historiae*, 1996, Bd. 33, S. 97–132

Frank Zöllner: *Botticelli. Toskanischer Frühling*, München/New York 1998

Claudia La Malfa: ›Firenze e l'allegoria dell'eloquenza. Una nuova interpretazione della 'Primavera' di Botticelli‹, in: *Storia dell'arte*, 1999, Bd. 97, S. 249–293

Cristina Acidini Luchinat: *Botticelli. Allegorie mitologiche*, Mailand 2001

Lorenz Dittmann: *Die Wiederkehr der antiken Götter im Bilde. Versuch einer neuen Deutung*, Paderborn [et. al.] 2001

Horst Bredekamp: *Sandro Botticelli. La Primavera. Florenz als Garten der Venus*, Berlin 2009

Enrico Guidoni: *La Primavera di Botticelli. L'armonia tra le città nell'Italia di Lorenzo il Magnifico*, Rom 2005

**Damian Dombrowski**, geboren 1966, lehrt Kunstgeschichte an der Universität Würzburg. Er war Gastprofessor der Bibliotheca Hertziana in Rom und Member des Institute for Advanced Study in Princeton, New Jersey. Neben zahlreichen Veröffentlichungen über das Werk Sandro Botticellis verfasste er auch den Kommentar zu Giorgio Vasaris Lebensbeschreibung des Malers.

## EDITION GIORGIO VASARI

Ohne die Erzählungen Giorgio Vasaris wüssten wir kaum etwas von den ›ausgezeichnetsten‹ Künstlern Italiens. Seine farbigen Lebensberichte, seine Bildbeschreibungen und Anekdoten haben weltweit nicht nur das Bild der italienischen Kunst geprägt, sondern auch die Kunstbetrachtung aus dem Reich der Legenden geführt und auf historische Füße gestellt. Man kann sagen: Vasari hat in der Mitte des 16. Jahrhunderts, am Ende der Renaissance, die europäische Kunstgeschichte begründet.

Die **Edition Giorgio Vasari** bietet eine neue Übersetzung, eine kurze Einführung, kritische Kommentare zu Vasari sowie Hinweise auf heutige Standorte und Zustände der Kunstwerke – im Taschenbuchformat, mit vielen, teils farbigen Abbildungen.

Hrsg. von Alessandro Nova mit Sabine Feser, Matteo Burioni, Katja Burzer und Hana Gründler. Die meisten Neuübersetzungen besorgte Victoria Lorini.

**Bereits erschienen:** Kunsttheorie und Kunstgeschichte • Parmigianino • Raffael • Pontormo • Sebastiano del Piombo • Rosso Fiorentino • Giorgio Vasari. Mein Leben • Tizian • Giulio Romano • Andrea del Sarto • Steinschneider, Glas- u. Miniaturmaler • Leonardo da Vinci • Einführung in die Künste der Architektur, Bildhauerei und Malerei • Sodoma und Beccafumi • Bildhauer des Cinquecento • Sansovino und Sanmicheli, mit Ammannati, Palladio und Veronese • Bramante und Peruzzi • Künstler der Raffael-Werkstatt • Giorgione, Correggio, Palma il Vecchio und Lorenzo Lotto • Piero di Cosimo, Fra Bartolomeo und Mariotto Albertinelli • Perino del Vaga • Montorsoli und Bronzino sowie die Künstler der Accademia del Disegno • Francesco Salviati und Cristofano Gherardi • Daniele da Volterra und Taddeo Zuccaro • Baccio Bandinelli • Michelangelo • Botticelli, Filippino Lippi, Cosimo Rosselli und Alesso Baldovinetti

**In Vorbereitung:** Die Sangallo-Familie • Tribolo und Pierino da Vinci • Jacopo della Quercia, Nanni di Banco, Niccolò Aretino und Luca della Robbia • Jacopo, Giovanni und Gentile Bellini sowie Andrea Mantegna • Masolino, Masaccio, Gentile da Fabriano und Pisanello • Perugino und Pinturicchio • Lorenzo Ghiberti • Lippi, Pesello und Peselli, Castagno, Veneziano und Fra Angelico • Andrea del Verrocchio und die Gebrüder Pollaiuolo • Brunelleschi und Alberti • Bernardo und Antonio Rossellino, Giuliano da Maiano, Benedetto da Maiano sowie Desiderio da Settignano • Paolo Uccello, Piero della Francesca, Antonello da Messina und Luca Signorelli • Domenico Ghirlandaio und Gherardo Miniatore • Donatello und Michelozzo • Sieneser Maler • Cimabue, Giotto und Cavallini • Bildhauer und Architekten des Duecento und des Trecento • Künstler des Trecento

## BOTTICELLI BEI WAGENBACH

**Giorgio Vasari Das Leben des Sandro Botticelli, Filippino Lippi, Cosimo Rosselli und Alesso Baldovinetti**

**Sandro Botticelli** gehört zu den populärsten Künstlern aller Zeiten. Vor allem die grazilen Frauengestalten seiner mythologischen Gemälde – die *Geburt der Venus* und die *Primavera* – machten ihn berühmt. Vasari setzt andere Akzente: Er erfindet eine dramatische Lebensgeschichte von Ruhm und Elend des Malers, die sich später zur Legende verfestigte. **Filippino Lippi** arbeitete in Botticellis Werkstatt, ehe er durch Aufträge Lorenzo de' Medicis zu einem der angesehensten Künstler seiner Zeit wurde. Von **Cosimo Rosselli** berichtet Vasari, wie er im Wettstreit mit Botticelli und anderen Malern den Papst durch den Einsatz von Gold für sich einzunehmen wusste. **Alesso Baldovinetti** wirkte über viele Jahrzehnte in Florenz. Im Kreuzgang der Kirche SS. Annunziata schuf er die erste naturgetreue Landschaftsdarstellung der Florentiner Kunstgeschichte.

Herausgegeben von Alessandro Nova. Bearbeitet von Damian Dombrowski, Michael Hoff und Anja Zeller. Neu ins Deutsche übersetzt von Victoria Lorini. 208 Seiten mit vielen, teils farbigen Abbildungen. Deutsche Erstausgabe

**Horst Bredekamp Sandro Botticelli, La Primavera**

*Florenz als Garten der Venus*

An Botticellis *Primavera*, dem berühmtesten Rätselbild der Renaissance, ist fast alles ungewöhnlich: Das riesige Format, die kaum verhüllte Nacktheit der Figuren Merkur und Venus, der unerhörte Naturalismus der Flora. Nach der 1982 beendeten Restaurierung hat Horst Bredekamp das Gemälde neu gesehen: den Frühlingsgarten als das verschlüsselte Florenz, die politische Botschaft, die Spannung zwischen der Kühnheit des Nackten und dem erstaunlichen Verzicht auf die Zentralperspektive. Und Bredekamp entschlüsselt *La Primavera* als Ikone einer Zeitenwende: Was als Venuskult auftritt, zeigt bereits die ersten Folgen der individuellen Freiheit, die Vereinzelung.

WAT 446. 128 Seiten mit vielen, teilweise farbigen Abbildungen

*Botticelli* erschien im Frühjahr 2010 als 171. *SVLTO.*

 Umschlaggestaltung Julie August unter Verwendung eines Ausschnittes aus *Die Geburt der Venus*  Gesetzt aus der Adobe Garamond Pro. Vorsatzmaterial von peyer graphic gmbh, Leonberg, Einbandmaterial von Ernstmeier, Herford. Gedruckt und gebunden bei Kösel, Krugzell. Printed in Germany. 

ISBN 978 3 8031 1270 5